Now Media

herausgegeben von

Prof. Harald Eichsteller,
HdM Hochschule der Medien Stuttgart

Prof. Dr. Marie Elisabeth Mueller,
HdM Hochschule der Medien Stuttgart

Prof. Devadas Rajaram,
Asian College of Journalism Chennai

Band 2

Laura Glockseisen

Filmdistribution in Deutschland

Die Zukunft des TV-Marktes im Zeitalter der Digitalisierung am Fallbeispiel Netflix

Nomos
Edition Reinhard Fischer

Die Deutsche Nationalbibliothek verzeichnet diese Publikation in der Deutschen Nationalbibliografie; detaillierte bibliografische Daten sind im Internet über http://dnb.d-nb.de abrufbar.

ISBN 978-3-8487-4151-9 (Print)

ISBN 978-3-8452-8371-5 (ePDF)

1. Auflage 2018

Vorwort

Now Media bietet nicht nur spannende Einblicke in innovative Medienformate, sondern betrachtet auch die Trends in der Vermarktung und Distribution von Medieninhalten.

Die vorliegende Publikation wurde an der Hochschule der Medien in Stuttgart als beste Masterarbeit des Masterstudiengangs Elektronische Medien mit Schwerpunkt Medienwirtschaft ausgezeichnet und betrachtet die Filmdistribution in Deutschland.

Laura Glockseisen ist mit dieser Arbeit gelungen, verständlich und kompetent in die Filmindustrie, den Strukturwandel sowie die Player bei der Verwertung der Inhalte in der Distribution einzuführen, um dann den Shooting-Star Netflix eingehend zu analysieren. Dieser Teil alleine kann als Standard zur Einführung in Theorie und Praxis gelten.

Um den Ist-Zustand sowie die Zukunft des deutschen TV-Markts, mögliche Strategien sowie die Einschätzung von Netflix professionell beurteilen zu können, wurden Interviews mit Expertinnen und Experten aus dem digitalen Medienbereich, dem cloudbasierten TV-Geschäft, dem digitalen Vertrieb von Fernsehlizenzen, aus der Filmproduktion sowie aus der Distribution von TV-Lizenzen geführt.

Die Darstellung der Ergebnisse der 2015 geführten Interviews ist auch heute noch interessant und die Schlussfolgerungen in den meisten Bereichen ebenfalls von hoher Validität gekennzeichnet.

Ich freue mich auf diese Veröffentlichung und wünsche Frau Glockseisen alles Gute für Ihre weitere berufliche und private Entwicklung.

Hochschule der Medien, Stuttgart *Prof. Harald Eichsteller*

Vorwort

Als Geschäftsführerin der Firma Sony Pictures Television bin ich seit vielen Jahren im Bereich der Film- und Seriendistribution tätig und unterrichte als Professorin für Medienmanagement unter anderem auch diesen Themenschwerpunkt. Frau Laura Glockseisen war meine Studentin und hat ausserdem auch als Masterandin in unserer Firma gearbeitet.

Sony Pictures Television ist der Fernsehunternehmensbereich des Hollywood Major Studios Sony Pictures. Er ist verantwortlich für die Distribution sämtlicher TV-Rechte an den von Sony Pictures in Hollywood produzierten Spielfilmen und Fernsehserien an TV-Plattformen auf der ganzen Welt. Außerdem beinhaltet er eigene Sendergruppen wie AXN und Sony Entertainment Networks.

Das Thema der Distribution von Fernsehlizenzen ist immer noch eher unbekannt, obwohl es einen äußerst bedeutsamen wirtschaftlichen Faktor der Film- und Fernsehindustrie repräsentiert. Des Weiteren werden die Rahmenbedingungen für den Handel mit Lizenzen immer komplexer. Dies liegt zum einen an der sich immer weiter differenzierenden Fernsehlandschaft sowohl im klassischen linearen wie auch im relativ neuen On-Demand Bereich. Zum anderen wird vor dem Hintergrund der sich stetig erweiternden technischen Nutzungsmöglichkeiten die Bandbreite der damit verbundenen Nutzungsrechte immer grösser. Dies hat zu einer immer größer werdenden Komplexität der Film- und Seriendistribution geführt – sowohl im technischen wie auch im juristischen Bereich.

Die Autorin hat sich im vorliegenden Fachbuch erfolgreich der Komplexität dieses Themas genähert und damit ein – in dieser Form bislang noch nicht existierendes – Grundlagenwerk zum Verständnis des Lizenzgeschäftes im Angesicht der aktuellen Herausforderungen des Marktes im Zeitalter der Digitalisierung geschaffen.

München im März 2017 *Professor Dr. Kerstin Gühne*

Inhaltsverzeichnis

Abkürzungsverzeichnis

AVoD	Advertising based Video-on-Demand
B2C	Business to Customer
ca.	circa
DRMS	Digital Rights Management System
DtR	Download to Rent
DtO	Download to Own
engl.	englisch
EST	Electronic Sell Through
et al.	et alii/et aliae/et alia
etc.	et cetera
FFG	Filmförderungsgesetz
GEZ	Gebühreneinzugszentrale
IfM	Institut für Medien- und Kommunikationspolitik
IP	Internet Protocol
o.O.	ohne Ort
o.S.	ohne Seitenangabe
PPV	Pay per View
RStV	Rundfunkstaatsvertrag
S.	Seite
SVoD	Subscription Video-on-Demand
TVoD	Transkriptionales Video-on-Demand
USP	Unique Selling Proposition
vgl.	vergleiche
VoD	Video-on-Demand

Z.	Zeile
z.B.	zum Beispiel

1.Einleitung

»Es ist nicht die stärkste Spezies die überlebt, auch nicht die intelligenteste, es ist diejenige, die sich am ehesten dem Wandel anpassen kann. « (Charles Darwin)

Die internationale Medienindustrie steht seit Beginn der Mediengeschichte immer wieder neuen Herausforderungen und strukturellen Veränderungen gegenüber. Diese sind vor allem der technologischen und digitalen Entwicklung geschuldet, die sich nicht nur in allen Bereichen der Medienlandschaft widerspiegelt, sondern auch einen festen Platz im alltäglichen Leben der Mediennutzer gefunden hat.

Angefangen mit dem Ersetzen von Briefen durch E-Mails über die Möglichkeit, über das Internet einzukaufen bis hin zu digital verfügbaren Zeitungen und Zeitschriften – das digitale Zeitalter hat sich weltweit, aber vor allem auch in Deutschland etabliert.

Diese Entwicklungen machen auch nicht vor einer der ertragreichsten Medienindustrien der Welt halt – der Filmindustrie. Wortgebilde wie Video-on-Demand, Streaming, Download to Own oder Pay per View finden einen Platz im allgemeinen Wortschatz und sind mittlerweile nicht mehr wegzudenken. Neue Geschäftsmodelle und Marktteilnehmer finden ihren Weg in einen seit Jahrzehnten etablierten Markt und verändern die bislang oligopolistische Filmindustrie[1] in ihren Grundstöcken. Kann das klassische Fernsehmodell den immer stärker werdenden Wettbewerbsstrukturen standhalten?

Obwohl der Video-on-Demand-Markt bisher nur einen Anteil von 7,2 Prozent des Umsatzes des Home-Video-Marktes ausmacht, konnte ein absoluter Umsatz von 1,7 Milliarden Euro und somit ein gewaltiges Plus von 59 Prozent gegenüber dem Vorjahr einfahren werden. [2]

Diese sich wandelnden Strukturen beeinflussen nicht nur Filmschaffende und Produzenten, sondern auch alle anderen Bereiche entlang der Wertschöpfungskette – angefangen mit der Beschaffung über den Rechtehandel

1 Vgl. Jüttner (2005), S. 15.
2 Vgl. House of Research (2013), S. 1.

und Filmverleih und die Verwertung der Inhalte bis zu den verschiedenen Plattformen, über die die Rezipienten ihre Inhalte beziehen.

Im Zuge dieser aktuellen Thematik fokussiert die vorliegende Arbeit sowohl den Bereich des Rechtehandels und der Verwertung von Inhalten als auch die unterschiedlichen Plattformen und untersucht dabei, inwiefern sich Distributoren und Anbieter von Filmen und Serien im Zeitalter der Digitalisierung strategisch anders ausrichten können oder sollten.

Dabei wird zunächst im zweiten Kapitel der Fokus auf die grundlegenden Begriffe der Filmindustrie gelegt. Hierbei werden kurz die geschichtliche Entwicklung des Gutes »Film« und dessen spezifische Eigenschaften thematisiert, um dann die Wertschöpfungskette sowie die unterschiedlichen Akteure vorzustellen. Diese Einführung bildet die Basis der nachfolgenden Ausführung und zeigt die Komplexität und Vielseitigkeit der Filmindustrie auf.

Das dritte Kapitel geht dann auf den durch die Digitalisierung herbeigeführten Strukturwandel der Filmindustrie ein und zeigt anhand einer Theorie von Chris Anderson, wie sich die Produktion, der Vertrieb und das Verhältnis zwischen Angebot und Nachfrage demokratisiert haben und so eine Tendenz zur Nische deutlich wird.

Das vierte Kapitel befasst sich daraufhin mit den theoretischen Grundzügen der Filmdistribution in Deutschland und fokussiert dabei vor allem das Prinzip der Rechteübertragung und der Verwertung von Inhalten sowie die zeitliche und strukturelle Abfolge der traditionellen und digitalen Verwertungsfenster. Dabei wird zum einen die theoretische aber auch die rechtliche Perspektive betrachtet.

Im darauffolgenden Kapitel wird auf das Fallbeispiel Netflix eingegangen. Das Unternehmen wird durch ein Kurzprofil, die Beschreibung des Angebots und eine detaillierte SWOT-Analyse zunächst vorgestellt. Im Anschluss wird der Fokus auf den Markteintritt in Deutschland gelegt, die diesbezüglichen Marketingaktivitäten beschrieben sowie aktuelle Zahlen und weltweite Entwicklungen und Zukunftspläne des Unternehmens betrachtet. Abschließend werden sowohl eine Konkurrenz- als auch eine Risikoanalyse durchgeführt.

Im letzten Kapitel wird die durchgeführte empirische Studie dargestellt und die Ergebnisse präsentiert. Anhand von qualitativen Experteninterviews soll herausgefunden werden, inwiefern dieser Wandel die Akteure der deutschen Filmdistribution beeinflusst und welche Strategien daraus abzuleiten sind. Daran anknüpfend werden diesbezüglich konkrete Handlungsempfehlungen gegeben, aus denen Maßnahmen und relevante Aktivitäten abgeleitet werden können. Die vorliegende Arbeit wurde für und in Zusammenarbeit mit dem Unternehmen Sony Pictures Television International Deutschland GmbH geschrieben. Aus Geheimhaltungsgründen wurden zuvor verwendete Unternehmensinterna für die Veröffentlichung entfernt.

1. 1 Zielsetzung und Forschungsfrage

Ziel dieser Arbeit ist es herauszufinden, welche Rolle die digitalen Medien im deutschen Film- und Fernsehmarkt spielen und welche Veränderungen in Bezug zu strategischen Überlegungen sich für Distributoren, d. h. Inhalte-Anbieter und die unterschiedlichen TV-Plattformen sowohl analoger als auch digitaler Natur ergeben. Auf Basis dieser Zielsetzung hat sich folgende Forschungsfrage ergeben:

> »Welche Strategien und Handlungsempfehlungen lassen sich für die Akteure der Filmdistribution im digitalen Wandel ableiten?«

1. 2 Themeneingrenzung und Relevanz des Themas

Die Thematik dieser Arbeit beschränkt sich hauptsächlich auf den deutschen Markt und bezieht sich nur in Teilen und ausschließlich zu Vergleichszwecken auf andere, internationale Märkte. Zudem ist an dieser Stelle anzumerken, dass im Zuge der im Titel angesprochenen »Filmdistribution« der Fokus verstärkt auf den Vertrieb und weniger auf die Produktion von Inhalten gelegt werden soll. Das heißt, dass der Handel mit Lizenzen und Rechten sowie die Ausstrahlung der Inhalte über analoge und digitale Plattformen und die dazugehörigen Strategien im Vordergrund stehen sollen.

Die Relevanz des behandelten Themas kann in zweierlei Hinsicht betrachtet werden: theoretisch und praktisch.

Eine theoretische Relevanz besteht dahingehend, dass sich zwar eine Vielzahl von Studien und empirischen Arbeiten mit dem Thema Video-on-Demand und auch mit der Zukunft des Film- und TV-Marktes befassen, der Fokus jedoch selten bis gar nicht auf den Herausforderungen liegt, denen sich Inhalte-Distributoren und Rechte-Einkäufer im digitalen Wandel stellen müssen. Das Eruieren neuer oder in naher Zukunft umsetzbarer Strategien der Verteilung und des Verkaufs sowie des Erwerbs von Rechten und Lizenzen würde dem wissenschaftlichen Interessenbereich dieses Themas einen entscheidenden Mehrwert liefern. Des Weiteren tragen die Ausführungen in dieser Arbeit dazu bei, die Thematik des digitalen Wandels in der Filmindustrie differenzierter zu verstehen. Eine praktische Relevanz ist zudem insofern gegeben, als neue Erkenntnisse und Sichtweisen in Bezug zur strategischen Orientierung der gesamten Filmdistribution gewonnen werden können. Die zum Ende gegebenen Handlungsempfehlungen geben auf Basis der theoretischen Fundierung und der empirischen Untersuchung des Weiteren konkrete Hinweise und Anregungen für Maßnahmen und Aktivitäten im Umfeld des digitalen Wandels.

1. 3 Vorgehensweise und Aufbau der Arbeit

Die vorliegende wissenschaftliche Arbeit ist in drei Teile gegliedert: der deskriptive, der analytische und der konzeptionelle Bereich. Entlang dieser Bereiche sind die vier Oberthemen angesiedelt, die sowohl aufeinander aufbauen als auch in verschiedenen Punkten Querverknüpfungen aufweisen.

Der deskriptive Teil befasst sich zunächst mit einer theoretischen Fundierung und bildet somit die Basis der Arbeit. Dieser Teil dient nicht nur dazu, Grundbegriffe zu erklären, sondern auch dazu, einen Überblick über den betreffenden Markt und seine Spezifika zu gewinnen und so das Thema im richtigen Kontext einzuordnen. Im Zuge der speziellen Thematik dieser Arbeit werden des Weiteren der Strukturwandel der Filmindustrie sowie die Filmindustrie in Deutschland beschrieben. So ist ein umfassender Rahmen für die Weiterführung der restlichen Ausarbeitung gegeben.

Das Fallbeispiel dient als Übergang zwischen dem deskriptiven und analytischen Teil. Zunächst werden das Unternehmen und dessen Tätigkeiten und Angebote sowie die globalen Marktwachstumsstrategien näher beschrieben. Danach werden dann aber sowohl das Konkurrenzumfeld als auch die unterschiedlichen Risiken analysiert, um dann einen Ausblick für die Auswirkungen des Markteintritts von Netflix auf die Filmdistributoren in Deutschland zu geben.

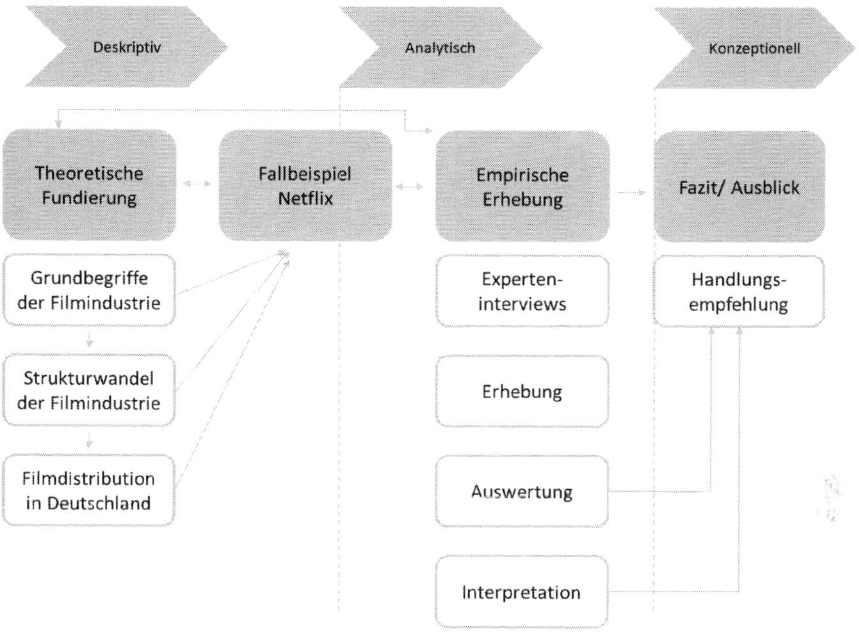

Abbildung 1: Aufbau der Arbeit. [3]

Auf Basis dessen folgt der empirische Teil dieser Arbeit, in dem zunächst die Konzeption und die angewandte Methodik zur Datenerhebung beschrieben werden. Dazu gehören des Weiteren Aspekte der Datenauswertung sowie die Darstellung der Ergebnisse und deren Interpretation. Neben der Beachtung von ethischen Aspekten in Bezug zur Vorgehensweise dient auch die Bestätigung der Qualitätssicherung als Element zur Vervollständigung der empirischen Methodik.

Im konzeptionellen Teil werden dann auf Basis der Auswertung und Interpretation der Ergebnisse der empirischen Untersuchung Handlungsempfehlungen für die Branche gegeben. Hierbei stehen vor allem die sich verändernden strategischen Verhaltensweisen von Unternehmen und sich neu bildende Gesichtspunkte, die zukünftig in die strategische Planung miteinbezogen werden müssen, im Vordergrund.

3 Eigene Darstellung.

2. Grundbegriffe der Filmindustrie

Das folgende Kapitel soll die Grundbegriffe der Filmindustrie erläutern und somit eine Basis für die theoretischen Zusammenhänge dieser Arbeit bilden. Zunächst werden die für diese Arbeit wichtigsten Begriffe abgegrenzt und definiert, um dann die Geschichte der Medienentwicklung darzustellen. Dabei wird ein besonderer Fokus auf die Phase der Quartärmedien, d. h. die Medien des digitalen Zeitalters gelegt. Die durch den technischen und digitalen Fortschritt entstandene Konvergenz wird in Kapitel 2. 3 thematisiert. Im Anschluss werden kurz spezielle Eigenschaften der Filmindustrie erläutert, um dann die Wertekette von Filmunternehmen und die darin agierenden Akteure näher zu erläutern.

2. 1 Begriffsabgrenzungen

Die nachfolgenden Abschnitte beschreiben Begriffe, die für das Verständnis dieser Arbeit besonders wichtig sind.

2. 1. 1 Filmindustrie

Als Filmindustrie wird die Branche bezeichnet, die sich mit der Produktion von Kino-, Fernseh- oder anderen Filmen beschäftigt. [4] Dazu gehören unter anderem Filmstudios, Verleihfirmen, Kino- und Kabelnetzbetreiber, Fernsehunternehmen sowie die »Lieferanten« der Branche: Drehbuchautoren, Masken- und Bühnenbildner oder Hersteller von Filmmaterial und technischem Equipment. [5]

Im Zuge dieser Arbeit wird »Filmindustrie« demnach auch als übergeordneter Begriff für die im Filmmarkt agierenden Unternehmen wie zum Beispiel die großen Hollywood-Produktionsstudios oder auch kleinere Independent-Studios verwendet. Darüber hinaus werden die Termine »Film-

---

4 Vgl. Vogel (2007), S. 1ff und S. 29.
5 Vgl. Mann (2010), S. 10.

branche« oder »Filmwirtschaft« als Synonyme für »Filmindustrie« in dieser Arbeit benutzt.

2. 1. 2 Digitalisierung

Digitalisierung kann im weitesten Sinne als die Transformation von analogen Signalen in digitale Daten verstanden werden. [6] Dadurch können digitale Informationen in Computersystemen verarbeitet werden, ohne an ein physisches Medium gebunden zu sein. [7]

Des Weiteren stellt die Digitaltechnik eine Basis für den Datentransfer zwischen Medien-, Telekommunikations- und Informationsbranche dar, die auch als Medienkonvergenz bezeichnet werden kann. [8] In dieser Arbeit bezieht sich der Begriff Digitalisierung vor allem auf die folgenden Faktoren:

- die stetig wachsende Verbreitung des Internets[9]
- die zunehmende Nutzung und Speicherung von Informationsgütern im digitalen Raum
- das schnelle Wachstum von digitalen Netzwerken

Damit liegt der Fokus vor allem auf dem erheblichen Veränderungspotenzial, das die Digitalisierung innerhalb der Filmbranche birgt. [10]

2. 1. 3 Filmdistribution

Der Begriff »Distribution« wird in der klassischen Betriebswirtschaftslehre als eine Verteilung von bestimmten Objekten verstanden. [11] So definiert Prof. Dr. Peter Kenning den Begriff wie folgt:

»Gesamtwirtschaftliche Verteilung der Distributionsobjekte (Waren, Dienstleistungen, Rechte, Entgelte und Informationen). (…) Üblicherweise werden als Distribution alle Prozesse bezeichnet, die zwischen Produ-

---

6 Vgl. Zerdick/Picotet et al. (1999), S. 140.
7 Vgl. Luxem (2001), S. 24.
8 Vgl. Jüttner (2005), S. 13.
9 Vgl. ebenda.
10 Vgl. Hess (2006), S. 97-101.
11 Vgl. Kenning (2014), o.S.

zenten und Händlern bis hin zum Letztabnehmer im Absatzkanal ablaufen. «[12]

Auf Basis dieser Definition wird der Begriff »Filmdistribution« in dieser Arbeit dreigeteilt verstanden. Zum einen wird der Fokus auf die Verteilung von Rechten und Lizenzen von Filmmaterial gelegt. Dabei bezieht sich die Autorin nicht auf den Filmverleih an Kinos, sondern legt verstärkt den Fokus auf die Aufgaben der filmverwertenden Unternehmen, die Rechte und Lizenzen an analoge und digitale TV-Plattformen verkaufen. Zu diesen Plattformen zählen sowohl klassische TV-Sender und Sendergruppen des Free-TV als auch sämtliche Pay-TV- und digitale Anbieter. Zum anderen werden Letztere auch konkret als Anbieter von Inhalten für Endkonsumenten innerhalb des Distributionsprozesses betrachtet.

2. 2 Geschichtliche Entwicklung der Medien

Die geschichtliche Entwicklung der Medien und in diesem spezifischen Fall des Mediums Film steht in einem engen Zusammenhang mit der sozialgeschichtlichen Entwicklung. So meint auch der deutsche Medienwissenschaftler Werner Faulstich:

»Die funktionale Produktion und Rezeption wird funktional im Kontext des alltäglichen Lebens auf einer bestimmten Entwicklungsstufe einer bestimmten Gesellschaft entfaltet. «[13]

Faulstich teilt dabei die Geschichte der Medien in vier Phasen ein:

1. Primär- oder Mensch-Medien
2. Sekundär- oder Schreib- und Druckmedien
3. Tertiär- oder elektronische Medien
4. Quartär- oder digitale Medien[14]

Die erste Phase beschreibt die leibgebundenen Medien. Das heißt, hier sind Medien gemeint, die keinen Einsatz von Technik für die Übermittlung von bestimmten Informationen brauchen. Im Zuge dessen fungiert der Mensch als ein Medium. Mimik, Gestik, Sprache oder auch Gebärden sind dabei die Übertragungshelfer innerhalb der Kommunikation von Angesicht zu Angesicht. [15]

12 Kenning (2014), o.S.
13 Faulstich (2004), S. 21.
14 Vgl. Faulstich (2004), S. 21ff.
15 Vgl. Pross (1972), S. 128 und Stähler (2002), S. 98 f.

Diese primäre Phase wurde im 15. Jahrhundert durch die Erfindung des Druckes abgelöst. In der Phase der Schreib- und Druckmedien wurden also zum ersten Mal unter dem Einsatz von Technik auf der Produktionsseite Informationen übermittelt. [16] Diese Phase reichte bis 1900 nach Christus und beinhaltete sowohl Individualmedien als auch Massenmedien.

Die dritte Phase, die Phase der Tertiärmedien, leitete eine deutlich gravierendere Epoche der Medienentwicklung ein. Hierbei handelt es sich um Medien, bei denen sowohl der Produzent als auch der Rezipient technische Geräte zum Verbreiten bzw. Empfangen benötigen. Mit dem Aufkommen dieser elektronischen Medien geriet die Thematik »Massenmedium« zunehmend in den Mittelpunkt des Geschehens. [17] Neben dem Hörfunk wird besonders dem Bewegtbild eine zunehmend wichtigere Rolle zugesprochen. Aus den zum ersten Mal mit Ton versehenen Filmen 1927 und den ersten Farbfilmen 1935 entwickelte sich parallel zum Kino die Fernsehlandschaft. Der Fernseh-Boom startete in den USA, konnte sich jedoch schnell auf die Haushalte der ganzen Welt ausbreiten. [18]

Mit dem Beginn des 21. Jahrhunderts entwickelte sich die Medienbranche hin zu den sogenannten Tertiärmedien. Hierbei handelt es sich um computerbasierte Medien, die eine netztechnische und zugleich elektronische Konsumption, Kommunikation und Informationsvermittlung beinhalten. In dieser Phase entwickelt sich die Mediennutzung mehr und mehr zurück zur Individualnutzung, die durch die Individualisierbarkeit der Inhalte und die Auslösung von zeitlichen und räumlichen Abständen verstärkt wird. [19]

Betrachtet man die vier Phasen als Ganzes, so wird deutlich, dass sich die Abstände zwischen den einzelnen Phasen im Laufe der Zeit stark verkürzt haben. [20] Dieser immer schneller werdende digitale Fortschritt hat zur Folge, dass die unterschiedlichen Medien mehr und mehr miteinander verschmelzen. Dieses Phänomen kann als Medienkonvergenz beschrieben werden und wird im nachfolgenden Kapitel näher beleuchtet.

16 Vgl. Pross (1972), S. 128.
17 Vgl. Faulstich (2004), S. 23.
18 Vgl. Faulstich (2004), S. 29ff.
19 Vgl. Faßler (1997), S. 117ff.
20 Vgl. Faulstich (2004), S. 23 f.

2. 3 Konvergenz der Medienmärkte

Aufgrund der fortschreitenden Digitalisierung stehen die verschiedenen Medienmärkte verstärkt strukturellen Veränderungen gegenüber. Durch immer neue Marktteilnehmer und starke Veränderungen der Nutzungspräferenzen der Rezipienten wird es zunehmend schwieriger, eine Abgrenzung der relevanten Märkte zu finden. So werden klassische Medienprodukte wie Print- oder TV-Inhalte um digitale Angebote ergänzt oder digitale Inhalte mithilfe der klassischen Medien als Basis geschaffen. [21]

Demnach definieren Bernd Wirtz und Katharina Denger die Medienkonvergenz als

»(...) die Annäherung der zu Grunde liegenden Technologien, die Zusammenführung einzelner Wertschöpfungsbereiche aus der Telekommunikations-, der Medien- und der Informationstechnologiebranche und letztendlich ein Zusammenwachsen der Märkte insgesamt (...)«.[22]

Jens Frieling definiert des Weiteren die Konvergenz wie folgt:

> »(...) nicht nur die Loslösung von informationsspezifischen Übermittlungsformen durch Vereinheitlichung der Kommunikationswege; sondern auch: die Bündelung verschiedener Mediengattungen durch multimediafähige Hard- und Softwarearchitekturen«. [23]

Somit entsteht ein multimedialer Konvergenzsektor, der die Bereiche der Medienbranche verschmelzen lässt. [24]

Im TV-Bereich sind diese konvergenten Entwicklungen besonders in den letzten Jahren immer mehr in den Vordergrund gerückt. Die stetig enger werdende Verbindung von TV und Internet bzw. Computern wird in der nachfolgenden Abbildung verdeutlicht. Diese zeigt den Verlauf der zunächst unabhängig voneinander verlaufenden Medien bis hin zu einem verschmolzenen Endprodukt:

21 Vgl. Wirtz (2009), S. 44.
22 Denger & Wirtz (1995), S. 20ff.
23 Frieling (2010), S. 20.
24 Vgl. Wirtz (2009), S. 44 f.

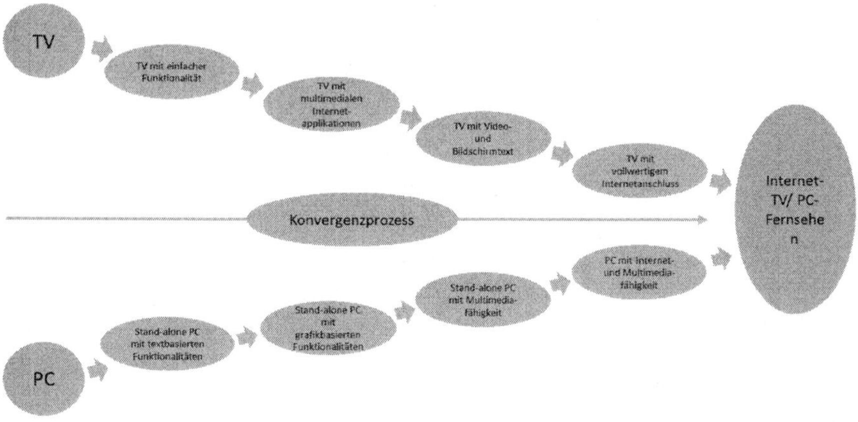

Abbildung 2: Konvergenzprozess TV/PC. [25]

Dieser Konvergenzprozess von Fernsehen und Internet lässt sich in vier Kategorien unterteilen:

1. Konvergenz von TV-Inhalten und Internet (Streaming-Dienste)
2. Konvergenz von Online-Inhalten und digitalem Fernsehen (Internet on TV)
3. Konvergenz der technischen Übertragung von Breitband-Internet, Telefonie und TV-Signalen, über Kabel oder Satellit
4. Konvergenz zwischen DVB-T und Mobilfunk in Endgeräten[26]

Diese Kategorien zeigen die verschiedenen technologischen Richtungen, die aufgrund von konvergenten Strukturen eingeschlagen werden können. So sind nicht nur die klassischen TV-Dienste davon betroffen, sondern die technischen Gegebenheiten können zum Beispiel auch auf mobile Endgeräte übertragen werden. Um jedoch die thematischen Grenzen dieser Arbeit zu wahren, werden die nachfolgenden Abschnitte hauptsächlich die ersten beiden Kategorien berücksichtigen.

Die Verknüpfung der TV- und Internetwelt ermöglicht somit nicht nur eine neue Art von Konsum und Kommunikation,[27] sondern bietet auch neue Verwertungsmöglichkeiten für Inhalte-Anbieter bzw. -Distributoren. Diese Möglichkeiten werden in Kapitel 3 genauer vorgestellt.

---

25 Eigene Darstellung in Anlehnung an Wirtz (2009), S. 374.
26 Vgl. Friedrichsen (2004), o.S.
27 Vgl. Stähler (2002), S. 114.

Zunächst soll in den folgenden Unterkapiteln ein besserer Überblick über die Filmindustrie in Deutschland, ihre Marktspezifika und Wertekette sowie das Leistungsspektrum gegeben werden.

2. 4 Eigenschaften des Marktes der Filmindustrie

Der Film als Gut und genauso auch die dahinter stehende Industrie fungieren nicht nur als Unterhaltungsmedium oder als kulturelles Gut, sondern bilden auch ein wirtschaftliches Gut, dem Beachtung zu schenken ist. Somit ist bei Betrachtung der Filmindustrie neben den politischen, sozialen und historisch-kulturellen Rahmenbedingungen vor allem auch der wirtschaftliche Faktor zu beachten.

Die Filmindustrie ist ein komplexes Netzwerk aus Produktions- und Verwertungsstufen, das durch eine Vielzahl von Marktteilnehmern komplementiert wird. Die zentralen Segmente des Marktes sind dabei die Filmproduktion, der Filmverleih und der Rechtehandel in Verbindung mit dem breiten Feld der Filmverwertung. [28]

Im nächsten Abschnitt wird zunächst die Wertekette vorgestellt, um dann die wichtigsten Akteure der Filmindustrie sowie abschließend das Leistungsspektrum darzustellen.

2. 4. 1 Wertekette der Filmindustrie

Die klassische Wertschöpfungskette nach Porter beinhaltet Aktivitäten wie Eingangslogistik, Produktion, Marketing, Vertrieb, Ausgangslogistik und Kundenservice. Porter definiert dabei den Begriff wie folgt:

»Jedes Unternehmen ist eine Ansammlung von Tätigkeiten, durch die sein Produkt entworfen, hergestellt, vertrieben, ausgeliefert und unterstützt wird. All diese Tätigkeiten lassen sich in einer Wertekette darstellen. «[29]

Diese theoretische Grundlage kann also auf jedes Unternehmen oder auch jede Industrie oder jeden Markt angewandt werden. Dazu müssen marktspezifische Änderungen vorgenommen werden, damit alle Bereiche der betreffenden Branche inkludiert werden können. [30]

---

28 Vgl. Wirtz (2009), S. 275.
29 Hess & Walter (2005), S. 22.
30 Vgl. Friedrichsen et al. (2006), S. 23.

Die Wertekette der Filmindustrie lässt sich in Stufen unterteilen: Pre-Produktion, Post-Produktion, Rechtehandel und Verwertung (vgl. Abbildung 3).

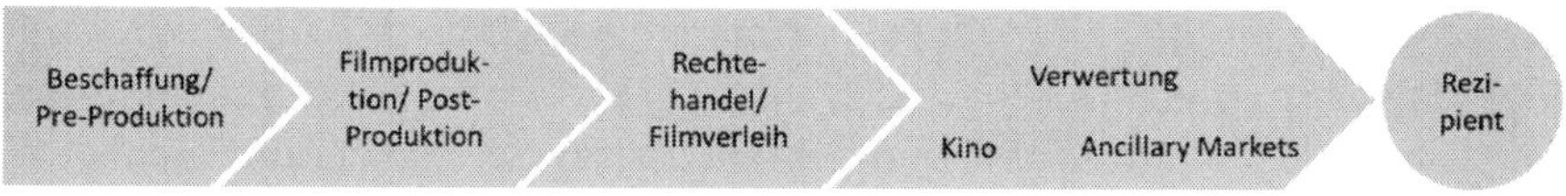

Abbildung 3: Wertekette der Filmwirtschaft. [31]

Die Kernaufgaben der Pre-Produktion sind dabei vor allem die Projektplanung, die Beschaffung von Finanzmitteln und die Zusammenstellung von Teams. In der Filmproduktion bzw. Post-Produktion findet die eigentliche Produktion des Filmmaterials statt. Ist der Film oder die Serie fertiggestellt, müssen die Rechte an den Inhalten vergeben bzw. verkauft werden. Diese Stufe stellt die Schnittstelle zwischen der Produktion und der eigentlichen Verwertung der Filme dar. In der letzten Stufe, der Verwertung der Inhalte, werden dann die Inhalte auf den verschiedenen Märkten verwertet. Zum einen findet hier die Distribution auf dem Kinomarkt statt, zum anderen werden die sogenannten Ancillary Markets mit neuen Inhalten versorgt. Diese Märkte beinhalten sämtliche Arten der Distributionsplattformen DVD, VoD, Pay-TV oder Free-TV. [32] Diese Distributionsplattformen werden in Kapitel 2. 3. 3 genauer vorgestellt.

Im Zuge der voranschreitenden Digitalisierung verändern sich auch die Wertschöpfketten von Medienunternehmen. Die größte Veränderung ist die Dematerialisierung der Kernprodukte. Physische Trägermedien wie Papier oder CD werden nur noch wenig bis gar nicht benötigt. Dieser Prozess kann auch als Desintegration bezeichnet werden,[33] wodurch interne Effizienzgewinne durch Kostensenkungspotenziale und Wertsteigerungen realisiert werden können. [34]

Medienprodukte zeichnen sich durch verschiedene Spezifika und Besonderheiten aus. Eine davon ist der Verbundcharakter zwischen Medium und Information, wobei das Medium in diesem Falle der physische Träger (wie zum Beispiel Papier oder CD) der Information ist. Durch eine weit-

31 Eigene Darstellung in Anlehnung an Wirtz (2009), S. 301 und Sigler (2010), S. 29.
32 Vgl. Wirtz (2009), S. 301 und Sigler (2010), S. 29.
33 Vgl. Hass (2002), S. 83ff. und Hass (2004), S. 34ff.
34 Vgl. Gläser (2010), S. 359.

reichende Desintegration von Information und Medium entstehen neue Geschäftsmodelle. Das bedeutet, dass die Information bzw. der Inhalt nicht mehr an ein einziges Medium gebunden ist, sondern auf unterschiedlichen Plattformen gebündelt und somit auch auf unterschiedlichen Wegen rezipiert werden kann. [35] Diese Formung neuer Geschäftsmodelle wirkt sich dann im Umkehrschluss auch auf die Verwertung von Inhalten aus. Die Einflüsse und Auswirkungen werden ab Kapitel 3 näher erläutert.

2. 4. 2 Akteure der Filmindustrie

Innerhalb dieser Wertschöpfstrukturen agieren unterschiedliche Akteure in verschiedenen Bereichen. Abbildung 4 zeigt die wichtigsten Akteure der Filmbranche gegliedert in vier Hauptbereiche, die im vorherigen Abschnitt in der Wertekette vorgestellt wurden: Filmproduktion (Pre- und Post-Produktion), Rechtehandel und Verwertung.

Auf der Ebene der Pre- und Post-Produktion sind zunächst vor allem Autoren, Regisseure, Schauspieler und andere Filmschaffende vertreten. Im nächsten Schritt übernimmt dann der Produzent bzw. die Produktionsfirma die Rolle des Unternehmers und Investors im Rahmen des Filmproduktionsprozesses. Hier werden die Projekte geplant und durch den Austausch von Talent und Geld in Zusammenarbeit mit den kreativen Kräften durchgeführt. [36]

Im nächsten Schritt werden dann von dem Produzenten oder der Produktionsfirma die Filmrechte im Austausch gegen eine Vergütung in Form einer Finanzierung an die Filmverleihunternehmen und Rechtehändler weitergegeben. Diese verwerten die einzelnen Inhalte dann über die filmverwertenden Unternehmen, die häufig auch als Film- oder Inhalte-Distributoren bezeichnet werden, weiter an die einzelnen Plattformen, um so Umsätze zu generieren. [37]

Entlang dieser Wertschöpfstrukturen mit allen Akteuren ist eine starke vertikale Integration der US Major Studios zu erkennen. Zu den Major Studios zählen zurzeit Paramount, Warner Bros., Disney, Sony, Universal und Twentieth Century Fox – die »Big Six«. Sie dominieren den Markt in einer oligopolistischen Struktur und sorgen so für eine starke Homogenität

35 Vgl. Friedrichsen et al. (2006), S. 23.
36 Vgl. Wirtz (2009), S. 276.
37 Vgl. ebenda, S. 276ff.

innerhalb der Filmindustrie. So ist es den »Big Six« möglich, durch stark integrierte Unternehmenskonglomerate beinahe alle Ressourcen innerhalb ihrer internen Wertekette selbst zu generieren. [38]

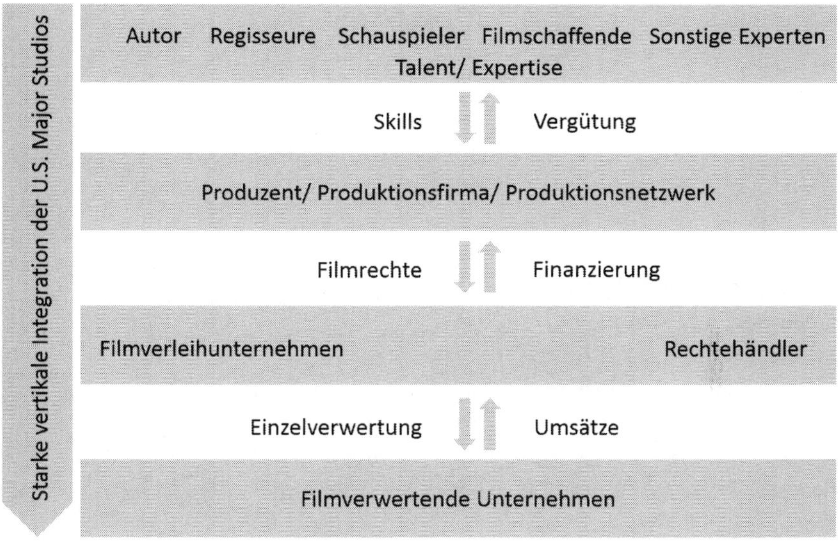

Abbildung 4: Akteure der Filmindustrie. [39]

Die aktuelle US-Marktverteilung (vom 03. 01. bis 23. 11. 2014) der »Big Six« gestaltet sich wie folgt:

- Fox: 17,3 Prozent
- Walt Disney: 16,1 Prozent
- Warner Bros. : 14,3 Prozent
- Sony Pictures: 13,1 Prozent
- Universal: 11,2 Prozent
- Paramount: 10,3 Prozent

Die restlichen 18 Prozent teilen sich unter anderem Filmverleiher wie Lionsgate, Weinstein Company und Focus Features. [40]

In Deutschland und den restlichen Ländern Europas sind vereinzelt ähnliche Studio-Strukturen zu finden. Beispiele hierfür wären Bavaria,

38 Vgl. Wirtz (2009), S. 208 und Kreuzer (2010), S. 20 & Wendling (2012), S. 25.
39 Eigene Darstellung in Anlehnung an Wirtz (2009), S. 277.
40 Vgl. Blickpunkt:Film (2014), S. 49.

Constantin Film, Pathé, EuropaCorp oder Gaumont. Diese erreichen aber bei Weitem nicht die Größe ihrer US-Konkurrenten, wodurch sich vermehrt eine Independent-Struktur durchgesetzt hat. Das heißt, es werden eher viele kleinere Produktionen auf den Markt gebracht, die dementsprechend auch nur eine begrenzte Zielgruppe ansprechen. [41]

Demzufolge ist es nicht verwunderlich, dass auch im deutschen Markt die US Major Studios den Markt dominieren. Die »Big Six« variieren dabei zwar in ihrer Verteilung der jeweiligen Marktanteile im Vergleich zum US-Markt, werden aber nur durch einen deutschen Konkurrenten, Constantin Film, unterbrochen. [42] Hier sieht die Marktverteilung vom 02. 01. bis 23. 11. 2014 wie folgt aus:

- Fox: 15,9 Prozent
- Universal: 13,0 Prozent
- Warner: 12,7 Prozent
- Constantin: 8,0 Prozent
- Walt Disney: 7,7 Prozent
- Paramount: 7,2 Prozent
- Sony Pictures: 7,0 Prozent

Die restlichen Marktanteile werden unter anderem von Verleihern wie Studiocanal, Neue Visionen, Universum oder Concorde beherrscht. [43]

Auf der Basis dieser kurzen Einführung in die deutsche Filmindustrie soll nun der Strukturwandel beschrieben werden, den diese im Zuge der Digitalisierung erlebt. Dabei wird der Fokus bereits auf die Distribution von Inhalten gelegt.

2. 4. 3 Zusammenfassung: Struktur der Filmwirtschaft

Aus den vorherigen Kapiteln ergibt sich ein komplexes Konstrukt der Filmwirtschaft in Deutschland. Dieser ganzheitliche Aufbau, eine Kombination aus der Wertekette und der Anordnung der Akteure der Filmwirtschaft, wird in der folgenden Abbildung deutlich gemacht:

41 Vgl. Kreuzer (2010), S. 21.
42 Vgl. Blickpunkt:Film (2014), S. 46.
43 Vgl. ebenda.

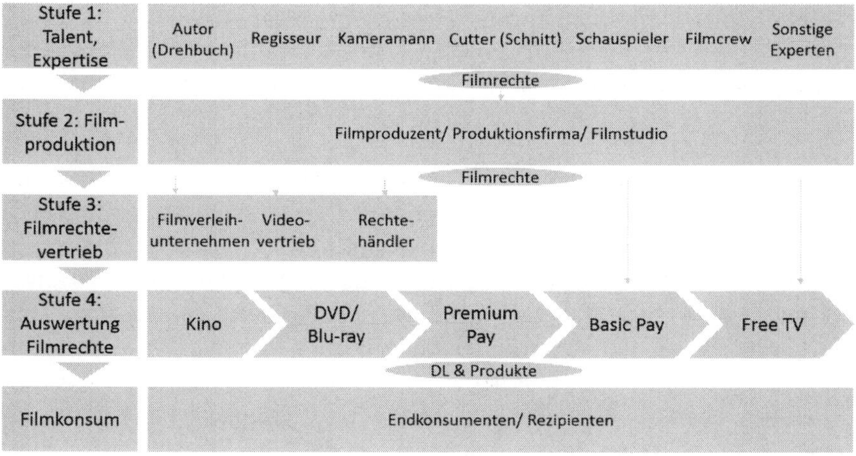

Abbildung 5: Struktur der Filmwirtschaft in Deutschland. [44]

Ehe das finale Produkt vom Endkonsument tatsächlich genutzt werden kann, durchläuft es die vier verschiedenen Stufen entlang der Wertekette.

Die erste und die zweite Stufe legen den Fokus auf das tatsächliche Herstellen des Filmes, angefangen bei den Personen, die aktiv an der Erstellung und Fertigstellung beteiligt sind (Autor, Schauspieler, Kameramann etc.) bis hin zu der tatsächlichen technischen Produktion des Produktes.

Der dabei entstandene Content kann nun als handelbares Wirtschaftsgut betrachtet werden, dessen nachfolgende Distribution nur auf Basis von Urheberrechten und verwandten Schutzrechten wie zum Beispiel Nutzungs- und Verwertungsrechten erfolgen kann. Diese werden dann in der dritten Ebene durch die verschiedenen Distributoren eingeräumt. Diese Ebene ist für diese Arbeit die relevanteste. Hier entscheiden die Inhalte-Verwerter auf Basis strategischer Überlegungen, welche Auswertungsfenster der Verwertungskette (siehe Stufe 4) welche Inhalte wann, wie lange und mit welchem Grad der Exklusivität bekommen sollen. Welchen strukturellen Wandel die Filmindustrie in diesem Bezug zurzeit durchläuft, wird im folgenden Kapitel thematisiert.

---

44 Eigene Darstellung in Anlehnung an Dördtrechter (2006), S. 14.

3. The Long Tail« und seine Wirkungsmechanismen

Die im vorherigen Kapitel beschriebenen traditionellen Filmstudios und Filmverleiher wie die »Big Six« können im Wesentlichen als ein großes Netzwerk aus Infrastruktur, Kreativität und Wissen beschrieben werden. Dieses System hat sich seit den Anfängen der Filmgeschichte bewährt und immer weiter verbessert. Doch im Zuge des Digitalen Zeitalters hat sich ein neues Studio etabliert, das der traditionellen Art und Weise in kaum einem Punkt ähnelt – das Internet.

Dieses Netzwerk ist nicht von einem Firmensitz oder einem polarisierenden Firmenchef abhängig, sondern bildet ein Kollektiv aus vielen kleinen Netzwerken, Nutzern, Software, Information und Wissen. Filmemacher und andere Akteure der Filmindustrie können folglich weltweit miteinander interagieren und Inhalte leichter produzieren und distribuieren. Während vor einigen Jahren noch Tausende von Euro allein für die Miete oder den Kauf von Equipment ausgegeben werden mussten, können heutzutage bereits handelsübliche Kameras zu niedrigen Preisen erworben und genutzt werden, um ebenfalls einen qualitativ extrem hochwertigen Inhalt zu produzieren. [45]

Diese Veränderungen innerhalb der Filmherstellung bieten nicht nur einfachere und somit auch kostengünstigere Möglichkeiten, sondern ermöglichen es auch immer mehr Teilnehmern den Markt zu penetrieren und so die Wettbewerbsstrukturen zu intensivieren. [46]

Im Zuge dieser Veränderungen bilden sich folglich mehr Nischenprodukte. Diese entstehen sowohl in der Produktion als auch im Vertrieb sowie aufseiten des Verhältnisses zwischen Anbieter und Nachfrager. Dieses Phänomen wird von Chris Anderson als »Long Tail« bezeichnet. Diese Theorie besagt, dass im Zeitalter des Internets und der fortschreitenden Digitalisierung besonders Nischenprodukte für den wirtschaftlichen Erfolg eines Unternehmens wichtig sein können. Durch die Demokratisierung von Produktion und Vertrieb soll die Summe der Nischenprodukte in Zukunft relevanter sein als die Summe aller Massenprodukte. [47]

---

45 Vgl. Kreuzer (2010), S. 83ff.
46 Vgl. ebenda, S. 84.
47 Vgl. ebenda.

Die Namensgebung dieser Theorie entspringt einer in der Statistik häufig angewandten Kurve der Häufigkeitsverteilung, deren »Kopf« (engl.: Head) sehr steil und ausgeprägt ist, die im weiteren Verlauf jedoch schon schnell abfällt und am Ende sogar gegen Null geht.

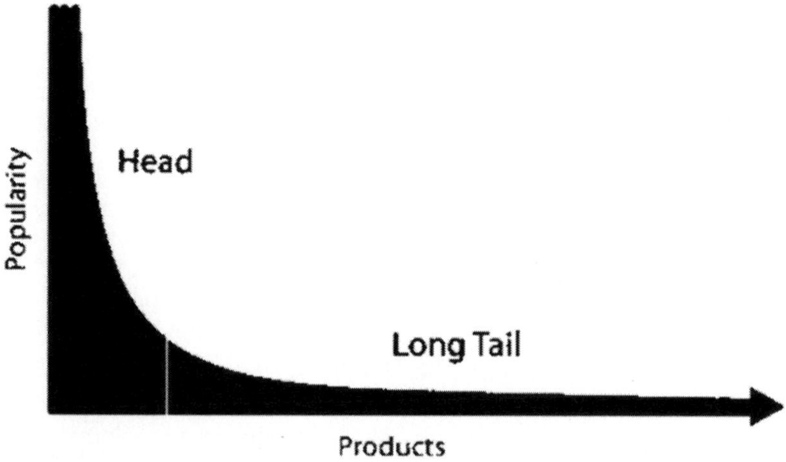

Abbildung 6: The Long Tail. [48]

Die Y-Achse beschreibt die Anzahl der Verkäufe und somit die Beliebtheit (engl.: Popularity) der jeweiligen Produkte. Diese Fläche ist in der Grafik dunkelblau eingefärbt. Die an der X-Achse verlaufende, immer schmaler werdende Kurve spiegelt die Verkaufsquote der Nischenprodukte wider. Die Theorie schuldet daher ihren Namen der Ähnlichkeit der Kurve mit einem Rattenschwanz. [49] Die Fläche des Rattenschwanzes ist in der Grafik hellblau eingefärbt.

Beide Flächen (»Kopf« und »Rattenschwanz«) sind dabei gleich groß, d.h. sowohl mit Massenprodukten als auch mit Nischenprodukten kann der gleiche Gewinn erwirtschaftet werden.

In einem traditionellen Markt sind die Kosten, um Nischenprodukte anzubieten, meistens sehr hoch, da die Nachfrage sich auf ein geografisch begrenztes Gebiet beschränkt. Diese Begrenztheit wird durch das Internet

48 Vgl. Anderson (ohne Datum), o.S.
49 Vgl. Anderson (2006), S. 11.

aufgehoben und Angebot und Nachfrage können sich so auf einer virtuellen Ebene treffen.

Diesbezüglich stützt sich Anderson auf drei relevante Wirkungsmechanismen, die den Long Tail ermöglichen:

Tabelle 1: Die drei Wirkungsmechanismen des Long Tail.[50]

Wirkungsmechanismus	Bereich	Beispiel
Demokratisierung der Produktion	Entwickler von Tools für den Long-Tail-Produzenten	Digitale Videokameras, Software zur Bearbeitung von Videos
Demokratisierung des Vertriebs	Long-Tail-Aggregatoren	Amazon, eBay, iTunes, Netflix
Verbindung von Angebot und Nachfrage	Long-Tail-Filter	Google, Blogs, Bestsellerlisten

Der erste Wirkungsmechanismus, die Demokratisierung der Produktion, bezieht sich auf die bedingt durch die technologische Entwicklung immer günstiger werdenden Möglichkeiten, Inhalte zu produzieren. [51] Somit werden Zugangsbarrieren für neue Wettbewerber aufgehoben und die Marktstrukturen intensivieren sich. [52]

Der zweite Wirkungsmechanismus, die Demokratisierung des Vertriebs, beschreibt die Tatsache, dass sich auch die Verteilung von Inhalten weiter demokratisiert. Mithilfe von neuen Aggregatoren wie zum Beispiel Amazon, Netflix oder iTunes kann jeder zum Anbieter werden. [53] Bezieht man dieses Beispiel auf die Filmindustrie, so können des Weiteren Plattformen wie YouTube hinzugefügt werden. Hier kann jeder selbstproduzierte Inhalte hochladen und so weltweit verbreiten.

Der dritte Wirkungsmechanismus beschreibt die Verbindung zwischen Angebot und Nachfrage. Anderson geht davon aus, dass sich durch den digitalen Vertrieb auch die Nachfragekurve verändert. Kunden, die von einer hohen Affinität zu Nischenprodukten geprägt sind, werden diese häufiger konsumieren bzw. rezipieren, da ihnen durch die Vereinfachung der Distribution im digitalen Raum eine vielfältigere Auswahl an Produkten zur

---

50 Vgl. Anderson (2006), S. 67.
51 Vgl. Kreuzer (2010), S. 85.
52 Vgl. Bühler (2009), S. 38 f.
53 Vgl. Kreuzer (2010), S. 86.

Verfügung steht. So verlieren laut Anderson die Bestseller und Top-Hits gegenüber den Nischenprodukten – Blockbuster gehen dem Ende entgegen und Amateure und unabhängige Produzenten haben mehr Chancen. [54] Im Zuge dessen wird auch die vereinfachte Erreichbarkeit der Nachfrager genannt. Durch die Digitalisierung und die unterschiedlichen Technologien wird es einer immer größer werdenden Masse möglich gemacht, Inhalte online zu rezipieren. Im Prinzip ist für VoD-Anbieter jeder Internetnutzer ein potenzieller Kunde. [55]

Grundsätzlich kann man also festhalten, dass es immer mehr Inhalte gibt, die über eine immer größer werdende Anzahl von Plattformen vertrieben werden und so auch eine stetig wachsende Menge an potenziellen neuen Kunden erreichen können.

In der Praxis profitieren drei wesentliche Gruppen von diesem Phänomen: Aggregatoren wie Amazon, iTunes oder YouTube, Rechteinhaber mit einem großen Inhalte-Katalog und die Rezipienten. Weitestgehend unberührt bleiben die Kreativen und die Produzenten, da durch die steigende Digitalisierung und technologische Entwicklung immer mehr Produkte auf den Markt kommen und so eine Abgrenzung immer schwieriger wird. [56]

Dieser Strukturwandel beeinflusst daher auch die in dieser Arbeit fokussierte Filmdistribution und die Akteure, die dieser Wertschöpfungsbereich betrifft. So stellt sich die Frage, inwiefern Distributoren, d. h. Inhalte-Anbieter sowie TV-Plattformen analoger und digitaler Art auf diese Form der »Nischifizierung« reagieren bzw. wie sie sich bedingt durch die Vielzahl an neuen Anbietern strategisch verändern oder neu aufstellen müssen.

Im nachfolgenden Kapitel soll daher zunächst näher auf die Filmdistribution als solche im Umfeld dieses Strukturwandels eingegangen werden. So wird eine Basis für die in Kapitel 8 beschriebene empirische Erhebung gebildet, in der herausgefunden werden soll, wie eine künftige strategische Ausrichtung aussehen könnte.

Neben dem Prinzip der Inhalte-Verwertung und Rechteübertragung wird in den nächsten Abschnitten vor allem die Verwertungskette von Inhalte-Anbietern in den Vordergrund gerückt. Im Zuge dessen werden sowohl die traditionellen Verwertungsfenster als auch die bedingt durch die

54 Vgl. ebenda, S. 86ff.
55 Vgl. Bühler (2009), S. 39.
56 Vgl. Kreuzer (2010), S. 131.

Digitalisierung neu entstandenen Verwertungsfenster und deren Erlösmodelle beschrieben.

4. Filmdistribution in Deutschland

Wie in Kapitel 2 schon anhand der Vorstellung der Filmindustrie in Deutschland als komplexes Konstrukt zwischen Produktion und Verwertung deutlich wurde, hat die Distribution von Inhalten unterschiedlichste Berührungspunkte entlang der Wertschöpfungskette. So erstreckt sie sich über die Bereiche der Produktion über den Filmverleih und den Rechtehandel bis hin zur Einzelverwertung über unterschiedliche Kanäle. [57] Diese Art der Distribution ist auch als indirekte Distribution bekannt. Die Inhalte gelangen also nicht auf dem direkten Wege vom Produzenten zum Endkonsumenten, sondern durchlaufen verschiedene Stationen, bis der finale Absatzkanal erreicht ist. [58]

Auf Basis der Definition in Kapitel 2. 1. 3 soll im Zuge dieser Arbeit der Fokus zum einen verstärkt auf die Verteilung von Rechten und Lizenzen und somit auf die Aufgaben der filmverwertenden Unternehmen gelegt werden, zum anderen aber auch auf die unterschiedlichen TV-Plattformen des deutschen Film- und Fernsehmarktes – sowohl analoger als auch digitaler Natur.

Um die Breite der Filmdistribution zu veranschaulichen, wird im folgenden Abschnitt das ganzheitliche Prinzip der Inhalte- und Rechte-Verwertung sowie deren Übertragungssystem näher erläutert: angefangen mit Kinoverwertung über Filmverleiher bis hin zu der Verwertung über die weiteren Kanäle.

4. 1 Prinzip der Inhalte-Verwertung und Rechteübertragung

Die Verwertung eines Inhaltes, im Zuge dieser Thesis eines Filmes oder einer Serie, beschreibt alle Erlöse, die durch die Übertragung von Nutzungs- und Verwertungsrechten generiert werden können. [59]

Um die Grundlagen der Rechteübertragung zu erläutern, wird zunächst die Kinoverwertung als Beispiel herangezogen: Der Produzent oder das

57 Vgl. Mann (2010), S. 15 und Wirtz (2006), S. 331.
58 Vgl. Wirtz (2006), S. 331.
59 Vgl. Kreuzer (2010) S. 27.

übergeordnete Produktionsunternehmen tritt die Verwertungsrechte an dem Film an nationale Filmverleiher ab. Dies kann sowohl in Form eines Vorverkaufs als auch durch den Rechteerwerb nach der Herstellung geschehen. Dieser Filmverleiher ist dann für die ganzheitliche Marketingstrategie auf nationaler Ebene verantwortlich und besitzt des Weiteren das Recht, den Film anderweitig zu verleihen. Im ersten Schritt sind hier die Kinobetreiber betroffen. Das jeweilige Budget für die Menge der verliehenen Kopien und der absoluten Höhe des Marketingetats ist von dem kalkulierten Erfolg des Filmes abhängig. Da immer häufiger mehrere Filme gleichzeitig auf den Markt kommen, erhöhen die Filmverleiher besonders in der ersten Woche nach dem offiziellen Kinostart die Anzahl der Kopien, damit gleich in der ersten Phase der Verwertung ein möglichst hoher Gewinn generiert wird.

Im Zuge dieser Übertragung von Verwertungsrechten gibt es unterschiedliche Abrechnungsmodelle. Ein Beispiel wäre das »Cost-of-the-Top«-Modell. Hierbei wird der tatsächliche Gewinn unter allen Beteiligten (Produzent, Verleiher, Kinobetreiber) aufgeteilt. Dabei wird sich an einem Rahmenvertrag orientiert. [60]

In der Praxis haben sich andere Modalitäten etabliert: Der Kinobetreiber erhält anteilig 45 bis 65 Prozent des Erlöses der verkauften Tickets. Im deutschen Markt hat sich der Anteil bei circa 55 Prozent eingependelt. Dieser hängt sowohl von der Publikumsbegehrlichkeit des einzelnen Filmes als auch von der Marktstärke des Kinos ab. Die übrigen 35 bis 55 Prozent erhält der Filmverleiher als Filmmiete. [61] Dieser hat die Filmrechte zuvor bei dem Produzenten gegen ein entsprechendes Entgelt erworben.

Neben der traditionellen Kinoverwertung gibt es noch weitere Verwertungsmöglichkeiten der Inhalte. Dazu gehören sogenannte »Ancillary Markets« oder ergänzende Absatzmärkte, die den größten Teil des Gesamtumsatzes ausmachen. [62]

Durch die Verwertung über diese ergänzenden Absatzmärkte ergibt sich das Konzept der Filmverwertungskette, welche auf dem Prinzip der Mehrfachauswertung oder Angebotsausweitung beruht. [63] Das bedeutet, dass ein Inhalt auf möglichst viele zahlungsbereite Konsumenten mit einem je-

60 Vgl. Kreuzer (2010), S. 28 und S. 98ff.
61 Vgl. Wendling (2012), S. 94.
62 Vgl. Wirtz (2009), S. 285.
63 Vgl. Heinrich (2002), S. 71.

weils anderen Nutzungsverhalten aufgeteilt werden soll. [64] Ziel dabei ist es, dass die verschiedenen Erlösmöglichkeiten in ihrer finanziell ertragreichsten Reihenfolge angeordnet werden, damit sie so optimal abgeschöpft werden können. [65]

Dieses Prinzip wird häufig auch als »Windowing«[66] bezeichnet. Sjurts definiert diesen Begriff wie folgt:

> »[Windowing] Bezeichnet in seiner klassischen Form die zeitlich aufgefächerte Mehrfachverwertung von Inhalten über unterschiedliche Trägermedien, Vertriebskanäle bzw. Verwertungsfenster (...). Dabei eröffnet das Windowing die einmalige Chance, dasselbe Angebot ohne Veränderung (...) und damit ohne zusätzliche Kosten mehrfach zu vermarkten. «[67]

Im Zuge dessen werden traditionell in einem Zeitraum von 2 bis 5 Jahren die zu vergebenden Verwertungsrechte definiert und durch kurze, eigenständige und in manchen Fällen exklusive Verwertungsfenster strukturiert. [68]

Innerhalb dieser Fenster werden dann die Verwertungs- und Nutzungsrechte von Inhalten über sogenannte Lizenzverträge abgegrenzt. Diese können sowohl ausschließlicher Natur (alleinig) oder nicht ausschließlicher Natur (mehrfach) sein. Sie geben des Weiteren Auskunft über die zeitliche, räumliche (Eingrenzung bestimmter Territorien) und inhaltliche (Nutzungsart und -zweck) Einschränkung. [69] Diese individuellen Fenster bilden dann die sogenannte Filmverwertungskette, die in ihrem gesamten Ausmaß im nachfolgenden Kapitel thematisiert wird.

Dadurch, dass die Herstellung von Filmen mit einem hohen Produktionsaufwand verbunden ist, ist diese differenzierte Distribution von Inhalten ein relevanter Faktor im Zuge der Fixkostendeckung. Durch die effiziente Anordnung und das Ausnutzen verschiedener Auswertungsfenster kann leichter eine Kostendegression erreicht werden. [70]

Durch diese Anordnung bzw. Aneinanderreihung von Verwertungsfenstern können auch Wechselwirkungen zwischen den einzelnen Fenstern entstehen – sowohl positiver als auch negativer Natur. Die positiven Ef-

64 Vgl. Dördrechter (2006), S. 18.
65 Vgl. Wendling (2012), S. 82.
66 Aus dem Englischen: window = Fenster.
67 Sjurts (2014), o.S.
68 Vgl. Ulin (2010), S. 30.
69 Vgl. Kreuzer (2010), S. 27.
70 Vgl. Wendling (2012), S. 82.

fekte oder auch Verbundeffekte tragen verstärkt zu den Mehrumsätzen durch eine effiziente Anordnung bei. So soll das eine Fenster sowohl seinem Vorgänger als auch seinem Nachfolger helfen, den größtmöglichen Umsatz zu erreichen. Hierbei spricht oft auch vom Spill-Over-Effekt. [71]

Effekte negativer Natur treten meist in Form von Kanalkonflikten auf. Diese Problematik tritt dann auf, wenn die einzelnen Kanäle substituierbar sind. Hierbei wird auch häufig vom sogenannten Kannibalisierungseffekt gesprochen. Dieser tritt auf, wenn ein hochwertiges Produkt durch ein minderwertiges Produkt vom relevanten Markt verdrängt wird. Durch zeitliche Abstände innerhalb der Verwertungskette soll diesem Potenzial der Kannibalisierung entgegengewirkt werden, um so auch die Substituierbarkeit der Ancillary Markets zu minimieren und den Gewinn zu maximieren. [72]

Prinzipiell sollen als alle Verwertungsfenster so werthaltig wie möglich gestaltet sein, indem zum Beispiel ein Film erst dann auf DVD käuflich ist, wenn er nicht mehr im Kino zu sehen ist. Eine weitere, ergänzende Methode zur Steigerung der Werthaltigkeit und Exklusivität der Fenster ist es, sogenannte »Discretionary Black Periods« zwischenzuschalten. Das sorgt für eine künstliche Verknappung der Inhalte und maximiert somit die Exklusivität. [73] Während dieses Zeitraumes ist der Film dann über kein anderes Medium oder Kanal verfügbar. [74]

Im nachfolgenden Kapitel werden zunächst die traditionellen Verwertungsfenster und deren Verlauf fokussiert, um dann im Zuge des Trends »Digitalisierung« die neuen Verwertungsfenster aufzuzeigen. Auf Basis dessen wird dann auch die aktuelle Verwertungskette vorgestellt – einmal auf Basis der theoretischen Literatur und einmal als konkretes, praxisnahes Beispiel des Inhalte-Anbieters Sony Pictures Television.

4. 2 Traditionelle Verwertungsfenster

Seit den Anfängen der Filmgeschichte haben sich über viele Jahre hinweg verschiedene Möglichkeiten der Filmverwertung entwickelt, angefangen mit der klassischen Kinoauswertung bis hin zu neuartigen, internetbasier-

71 Vgl. Aaronson (2007), o.S.
72 Vgl. Krentel (2008), S. 17.
73 Vgl. Ulin (2010), S. 31.
74 Vgl. Gühne (2010), o.S.

ten Filmabrufdiensten. Experten sprechen hier teilweise von einer Revolution, doch in Anbetracht der Entwicklung ist eher von einer Evolution des Filmmarktes auszugehen. [75]

Bevor diese Evolution dargestellt werden kann, sollen zunächst die traditionellen Verwertungsfenster entlang der Verwertungskette vorgestellt werden.

Abbildung 7: Traditionelle Verwertungsfenster. [76]

In den folgenden Abschnitten werden diese traditionellen Verwertungsfenster näher beleuchtet und ihre Wichtigkeit innerhalb der Verwertung herausgestellt. Im Zuge dessen wird des Weiteren ein detaillierterer Fokus auf Geschäftsmodelle des Pay-TV- und des Free-TV-Marktes gelegt, um einen fundierten Rahmen für die restliche Ausarbeitung dieser Arbeit zu legen.

4. 2. 1 Kino

Das erste Verwertungsfenster galt schon immer dem traditionellsten Medium, dem Kino. Das Kino bietet die höchste Relevanz für das absolute Erlöspotenzial des restlichen Verwertungsprozesses. [77] Da nur in den seltensten Fällen ein Film nach einem schlechten Start im Kino in den darauffolgenden Verwertungsfenstern erfolgreich ist, kann das Kino als Zugpferd des gesamten Verwertungsverlaufes gesehen werden. [78] Demnach wird die Attraktivität eines Filmes auch über die Erlöse und Zuschauerzahlen im Kino bestimmt. [79]

75 Vgl. Gühne (2010), o.S.
76 Eigene Darstellung in Anlehnung an Wendling (2012), S. 85.
77 Vgl. Zerdick et al. (2001), S. 72.
78 Vgl. Mohr (2012), S. 39.
79 Vgl. Zerdick et al. (2001), S. 72.

4. 2. 2 Home Entertainment: DVD und Blu-rays

Durch physische Medien wie DVDs und Blu-rays ist die sogenannte Offline-Verwertung[80] in den letzten Jahren zu einer der relevantesten Einnahmequellen der Filmindustrie geworden. Die stetig steigende technische Ausstattung in deutschen Haushalten ermöglicht es Konsumenten auch in den eigenen vier Wänden das Erlebnis eines Kinobesuchs zu etablieren. Laut einer Studie der Tomorrow Focus Media GmbH sehen bereits 31,1 Prozent der Deutschen ihre persönliche Home-Entertainment-Ausstattung als befriedigenden Ersatz zum traditionellen Kinobesuch. [81]

Aufgrund der hohen Rentabilität wird in manchen Fällen, wie zum Beispiel bei speziellen Genre-Filmen, die Verwertung über das Kino übersprungen, um die Erlösquelle des Verwertungsfensters DVD/Blu-ray komplett auszuschöpfen. [82]

4. 2. 3 Pay-TV

Das Verwertungsfenster des Pay-TV-Marktes wird bei den meisten verwertenden Unternehmen zweigeteilt: Zum einen gibt es das Premium-Pay-Fenster (auch häufig als »First-Pay«-Fenster bekannt) und zum anderen das Basic-Pay-Fenster (auch als »Second-Pay«-Fenster bekannt). Premium-Pay-Sender erhalten dabei die Exklusivrechte auf das erste Auswertungsfenster, wohingegen Basic-Pay-Sender erst im darauffolgenden Fenster berücksichtigt werden. [83]

Sender innerhalb des Pay-TV-Marktes finanzieren sich hauptsächlich durch Abonnement-Gebühren und somit direkt über ihre Rezipienten-Märkte. Das heißt, dass nur zahlungswilligen Rezipienten das Programm unverschlüsselt zur Verfügung steht. [84]

Die Zahlungsmodelle von Pay-TV-Anbietern reichen von einem klassischen Abonnement-Modell bis hin zu einem Pay-per-View-Modell, die auch kombiniert in einer Mischform auftauchen können. Bei Letzterem werden nur die Inhalte gezahlt, die auch tatsächlich rezipiert werden. So

80 Vgl. Brehm (2008), S. 276.
81 Vgl. Tomorrow Focus Media GmbH (2012), S. 27.
82 Vgl. Kreuzer (2010), S. 30.
83 Vgl. Kanji (2012 b), o.S.
84 Vgl. Wirtz (2006), S. 357.

können zum Beispiel unterschiedliche Inhalte-Pakete vom Kunden selbst gewählt werden (z. B. Sport und Filme/Serien), die auf einer monatlichen Basis bezahlt werden müssen, aktuelle Filmhighlights oder diverse andere Sonderprogramme müssen zusätzlich bezahlt werden. [85]

Der Pay-TV-Markt in Deutschland hat in den letzten Jahren immer mehr an Bedeutung gewonnen und ist neben dem werbefinanzierten Free-TV und dem gebührenfinanzierten öffentlich-rechtlichen Rundfunk (vgl. Kapitel 4. 2. 4) die dritte[86] und derzeit wachstumsstärkste Säule des Fernsehmarktes in Deutschland. Die lange Marktentwicklung mündete durch drei essenzielle Faktoren im Massenmarkt: Vielfalt und Qualität der Programme, Weiterentwicklung des Angebotes durch eine hohe Innovationskraft sowie die Verbesserung des Kundenservices.

Der Pay-TV-Markt in Deutschland wird von Sky als führendem Premium-Pay-TV-Anbieter dominiert. [87] Doch die Anzahl der Pay-TV-Sender in Deutschland ist in den letzten Jahren deutlich gewachsen und wurde durch eine enorme Anzahl von sogenannten Basic-Pay-TV-Sendern ergänzt. Diese Sender sind hauptsächlich Abkopplungen von bestehenden Sendergruppen wie zum Beispiel RTL Group oder Pro7Sat. 1 Media zur Abschöpfung größerer Synergieeffekte. [88]

2013 sind es bereits 75 Sender, wovon bereits 57 Sender in HD empfangbar sind. Besonders in den Jahren 2004-2007 erlebte der Markt ein enormes Anbieterwachstum. Allein in diesem Zeitraum konnte sich die Anzahl annähernd verdoppeln (vgl. Abbildung 8). [89]

85 Vgl. Wirtz (2011), S. 404.
86 Vgl. Anhang A2.4, Z. 8-10.
87 Vgl. VPRT (2013), S. 48.
88 Vgl. ProSiebenSat.1 (2015), o.S.
89 Vgl. ALM Jahrbuch (2014), S. 45.

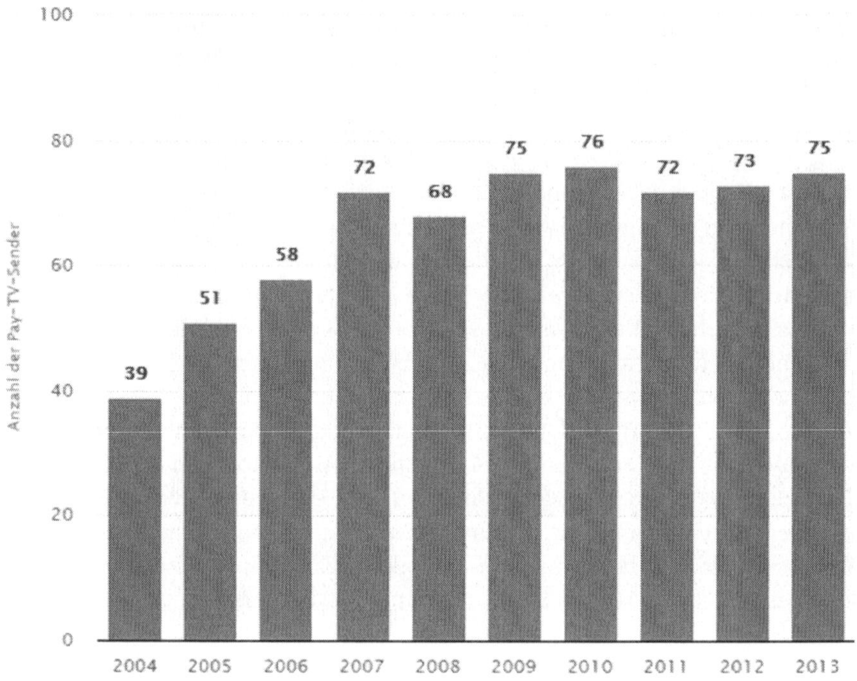

Abbildung 8: Anzahl der Pay-TV-Sender in Deutschland von 2004 bis 2013. [90]

4. 2. 4 Free-TV

Das letzte, für den Endkonsumenten vermeintlich kostenlose Verwertungsfenster ist für das Free-TV bestimmt. In diesem Geschäftsmodell finanzieren sich die Unternehmen nicht durch Beiträge von den Nutzern, sondern sowohl über staatlich eingezogene Gebühren über die GEZ (Gebühreneinzugszentrale) als auch durch Werbeerlöse. [91] So können Rezipienten die angebotenen Inhalte der einzelnen Unternehmen unverschlüsselt und theoretisch kostenlos empfangen. Dabei kann der Empfang kabellos terrestrisch, kabellos vom Satelliten oder als Kabelfernsehen gewährleistet werden.

---

90 Vgl. ALM Jahrbuch (2014), S. 45.
91 Vgl. Wirtz (2009), S. 376.

In Deutschland zählt sowohl der öffentliche Rundfunk, der sich über die Einnahmen von GEZ-Gebühren finanziert, als auch eine Vielzahl werbefinanzierter Privatsender zum Free-TV. [92]

Der Free-TV-Markt in Deutschland fand seinen Anfang mit der Gründung der beiden ersten öffentlich-rechtlichen TV-Sender ARD und ZDF in den Jahren 1954 und 1961. [93] Danach steigerte sich die Anzahl der frei empfangbaren Sender kontinuierlich.

1988 waren durchschnittlich nur sieben Sender pro Haushalt empfangbar. Bereits 20 Jahre später wurde diese Anzahl verneunfacht. 2014 stehen jedem Haushalt durchschnittlich 78 Sender zur freien Verfügung. [94]

Diese Sender verfügen über ein großes Portfolio an Programmen und lassen sich dabei in fünf verschiedene Programmarten unterscheiden:

1. Vollprogramme: Gemäß § 2 Abs. 2 Nr. 1 des Rundfunkstaatsvertrages (RStV) werden Vollprogramme als Programme mit vielfältigen Inhalten, in welchen Informationen, Bildung, Beratung und Unterhaltung wesentliche Bestandteile sind, definiert.
2. Spartenprogramme: Spartenprogramme zeichnen sich hingegen durch ähnliche Inhalte bzw. einen inhaltlichen Schwerpunkt aus (vgl. § 2 Abs. 2 Nr. 2 RStV).
3. Fensterprogramme: Fensterprogramme sind zeitlich und/oder regional begrenzte Programme, die zum Beispiel als Regionalfenster im Abendprogramm ausgestrahlt werden.
4. Lokale Programme: Unter einem lokalen Programm versteht man die Eingrenzung eines Programmes auf ein lokales Sendergebiet.
5. Video-on-Demand: Mittlerweile haben sich auch die Free-TV-Anbieter dem digitalen Wandel angepasst und bieten ihren Kunden ein breites Spektrum ihrer Inhalte online in Form von Mediatheken an. Hier können nach der Ausstrahlung im TV die Sendungen kostenlos abgerufen werden. [95]

---

92 Vgl. Kreuzer (2010), S. 33.
93 Vgl. Köhler (2013), S. 109 und ZDF (2014).
94 Vgl. Statista (2014).
95 Vgl. Wirtz (2009), S. 377.

4. 3 Trend Digitalisierung: Neue Verwertungsfenster

Im Zuge der bereits häufig thematisierten Digitalisierung und des technologischen Fortschritts haben sich auch die traditionellen Verwertungsstrukturen verändert. Die »digitale Distribution« bezeichnet die Möglichkeit, durch neue, digitale Übertragungstechnologien wie zum Beispiel das Internet oder Kabelnetze Inhalte über weitere Kanäle dem Rezipienten zur Verfügung zu stellen. [96] Dazu gehören digitale Technologien wie Electronic Sell Through, Transcriptional Video-on-Demand, Subscriptional Video-on-Demand oder auch Advertising based Video-on-Demand (vgl. Abbildung 9):

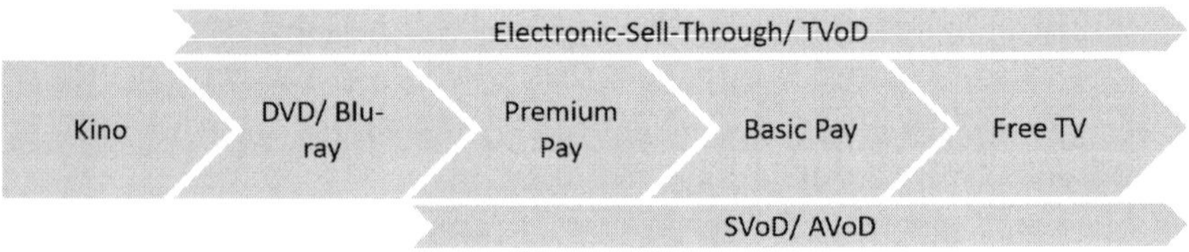

Abbildung 9: Neue Verwertungsstrukturen. [97]

Die zuvor eindimensionale Verwertungskette hat sich zu einer komplexeren, mehrdimensionalen Form entwickelt, die sowohl die analoge, physische als auch digitale Distribution beinhaltet. Das Kino genießt nach wie vor eine gesonderte Alleinstellung vor allen anderen Verwertungsfenstern. [98]

Da der Fokus der vorliegenden Thesis vor allem auch auf der veränderten Distribution durch die Digitalisierung liegt, sollen im nächsten Abschnitt zunächst internetbasierte Filmabrufdienste, ihre Rolle im deutschen TV-Markt sowie ihre klassische Architektur ausführlich dargestellt und charakterisiert werden. Im Anschluss daran werden die oben aufgeführten Auswertungsmöglichkeiten vorgestellt und anhand von Praxisbeispielen klassifiziert.

96 Vgl. Kreuzer (2010), S. 41.
97 Vgl. Wendling (2012), S. 86ff.
98 Vgl. Gühne (2010), o.S.

4. 3. 1 Internetbasierte Filmabrufdienste

Internetbasierte Filmabrufdienste werden im deutschen Filmförderungsgesetz dem Verwertungsfenster der individuellen Zugriffs- und Abrufdienste zugeordnet. [99] Die sogenannten individuellen Abrufdienste (IAD) und individuellen Zugriffsdienste (IZD) unterscheiden sich dabei wie folgt: IADs beziehen sich auf die Möglichkeit, einzelne Filminhalte durch eine persönliche Anforderung des Rezipienten »abrufen« zu können. Individuelle Zugriffsdienste hingegen verfügen über ein geringeres Maß an Wahlmöglichkeiten. Hier kann zum Beispiel nicht der Inhalt, aber der exakte Zeitpunkt gewählt werden. [100] Diese Unterscheidung wird bei der Systematisierung der verschiedenen Dienste noch einmal ausführlicher aufgegriffen und erläutert.

Im Filmförderungsgesetz werden solche Abrufdienste wie folgt definiert:

> »Ein Videoabrufdienst ist ein elektronischer Informations- oder Kommunikationsdienst, bei dem einzelne Filme für den Empfang zu einem vom Nutzer oder von der Nutzerin gewählten Zeitpunkt auf dessen oder deren individuellen Abruf hin bereitgestellt werden. «[101]

Schon hier werden die grundlegenden Eigenschaften solcher Dienste deutlich: Individualität und Zeitautonomie – Eigenschaften, die es nicht nur ermöglichen, Inhalte nach persönlichem Belieben auszuwählen und so individuelle Programme zu gestalten, sondern auch den exakten Zeitpunkt des Konsums frei zu wählen. [102]

Im Zuge dessen beschreiben Kaumann, Siegenheim und Sjurts auch zwei grundlegende Entwicklungsstränge, die sich für das Fernsehen in der digitalen Medienwelt identifizieren lassen: inhaltliche Selektivität und zeitliche Souveränität. Hinsichtlich dieser Dimensionen sind die Zuschauer im analogen Fernsehen deutlich eingeschränkt. Um bestimmte Inhalte rezipieren zu können, müssen sich die Zuschauer sowohl an die zeitliche als auch an die inhaltliche Planung des Fernsehprogrammes halten. [103]

99 Vgl. FFG (2014), § 20.
100 Vgl. Mann (2010), S. 22.
101 FFG (2014), § 14 a (6).
102 Vgl. Apfel & Hampel (2013), S. 124.
103 Vgl. Kaumann et al. (2006), S. 6ff.

Diese Internetabrufdienste in Form von B2C-Angeboten[104] werden in Deutschland mittlerweile von einer Vielzahl von Medienunternehmen zusätzlich zu ihrem eigentlichen, linearen Produktportfolio angeboten. Dazu zählen unter anderem die *Deutsche Telekom*, Sky, iTunes, *ProSiebenSat.1, Amazon, Vivendi* oder *United Internet.* [105] Welche Dienste sich genau hinter diesen und anderen Unternehmen verbergen, wird in den nächsten Abschnitten genauer erläutert. Zunächst wird auf die Architektur solcher Dienste und demnach ihre Funktionsweise näher eingegangen (vgl. Abbildung 10).

Internetbasierte Filmabrufdienste beruhen auf Informations- und Kommunikationstechnologien, die genutzt werden, um die Distribution von Filmen an den Endkonsumenten zu ermöglichen. [106]

Die Voraussetzung zur Bereitstellung von Inhalten über das Internet sind sogenannte Hosting-Systeme. Hier werden zwei Arten von Daten gelagert: zum einen Filmmasterdaten, die das Rohdatenlager des Anbieters in der höchsten verfügbaren Qualität darstellen und zum anderen Derivate solcher Filmmasterdaten, sogenannte Vertriebsformate, die als fertig encodierte Filmdateien fungieren. Letztere bilden dann die Basis für die Auslieferungsprodukte, die an die Endkonsumenten weitergeleitet werden. Aus den Filmmasterdaten können jederzeit neue Vertriebsformate erstellt werden, die dann dem Endkonsumenten zugänglich gemacht werden. [107]

Diese Hosting-Systeme müssen zudem imstande sein, eine Vielzahl von Zugriffen synchron oder zeitversetzt zu verarbeiten und so die Vertriebsformate jederzeit bereitzustellen. [108]

Die Verwaltung der Filmdaten liegt bei den Media-Asset-Management-Systemen. Die Hauptaufgabe dieser Systeme ist es, Meta- und Lizenzdaten[109] anzulegen, bei Bedarf zu verändern und den jeweiligen Filmdaten zuzuweisen. Diese mit Meta- und Lizenzdaten gefüllten Filmdaten werden

---

104 Bei B2C-Angeboten handelt es sich um Angebote eines Unternehmens, die direkt an den Endkonsumenten gehen. Vgl. Mann (2010), S. 22..

105 Vgl. Mann (2010), S. 22 und Focus (2014), S. 136.

106 Vgl. Mertens et al. (2005), S. 3.

107 Vgl. Ondarza (2008), S. 71ff.

108 Vgl. ebenda.

109 Metadaten sind Daten, die Informationen über Merkmale anderer Dateien enthalten, wie zum Beispiel die Merkmale größerer Datensammlungen von Filmen, Büchern oder anderen Dokumenten (vgl. IT Wissen (2014), o.S.). Eine Lizenzdatei enthält wiederum verschiedene Informationen wie zum Beispiel personalisierte Kundendaten (vgl. Wisolution (2014), o.S.).

dann über Shopsysteme an den Endkonsumenten weitergegeben. Diese Systeme verfügen über eine anschauliche Benutzeroberfläche, die verschiedene Funktionen wie zum Beispiel virtuelle Warenregale, die digitale Abwicklung von Transaktionen sowie die Bezahlung und Auslieferung der Produkte beinhaltet. Dazu bedienen sich die Shopsysteme zweierlei Datenquellen: der Abrechnungs- und der Kundendaten. Des Weiteren werden sowohl ein Altersverifizierungssystem als auch eine Digital-Rights-Management-System zur Überprüfung der Legitimität der Anfrage genutzt. In diesem Zusammenhang nutzt das Altersverifizierungssystem die Metadaten zum jeweils angefragten Inhalt und das Digital-Rights-Management-System die entsprechenden Lizenzdaten.

Die schlussendliche Präsentation des Inhalts für den Kunden findet über das Wiedergabesystem statt. Dazu gleicht das System die Nutzungsrechte mit den Freigaben aus den Altersverifizierungssystemen und Digital-Rights-Management-Systemen ab. [110]

Diese Architektur eines internetbasierten Filmabrufdienstes wird noch einmal in der folgenden Abbildung verdeutlicht.

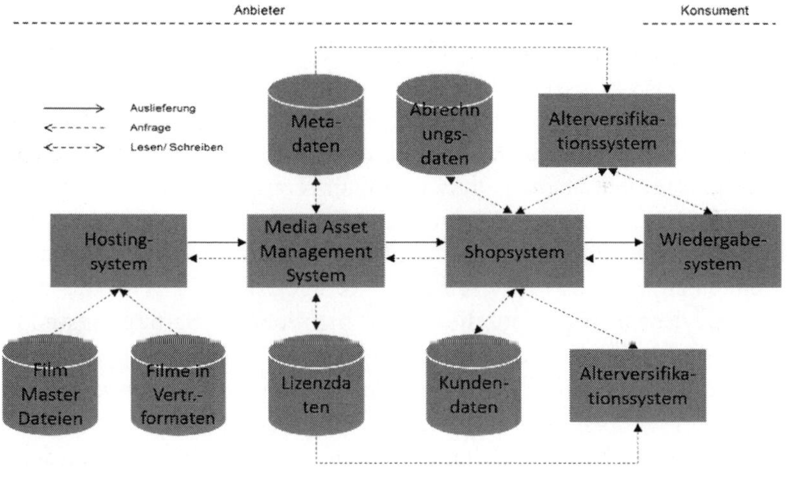

Abbildung 10: Architektur für internetbasierte Filmabrufdienste. [111]

110 Vgl. Mann (2010), S. 23ff.

111 Eigene Darstellung in Anlehnung an Ondarza (2008), S. 71-76 und Mann (2010), S. 23 ff.

Internetbasierte Filmabrufdienste lassen sich in eine Vielzahl von Varianten unterscheiden, die wiederum unterschiedlichen Systematisierungen zuzuordnen sind. Die Charakterisierung kann anhand von sieben Dimensionen vollzogen werden. Diese werden in der folgenden Abbildung dargestellt:

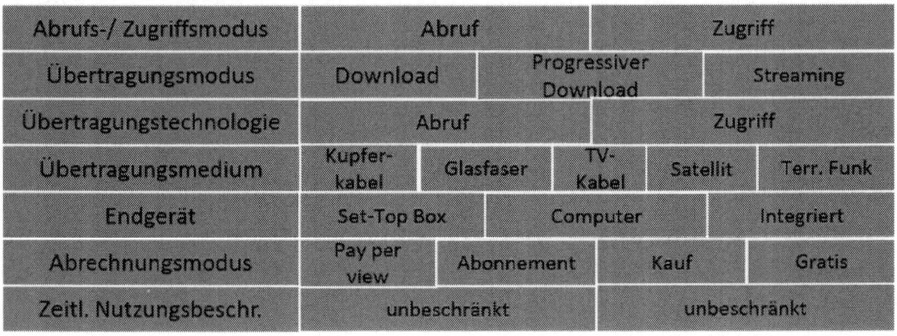

Abbildung 11: Systematisierung individueller Zugriffs- und Abrufdienste.[112]

Die erste Ebene unterscheidet zwischen Abruf- und Zugriffsdiensten. Zugriffsdienste beziehen sich dabei auf lineare Inhalte, zu denen der Rezipient einen zeitlich beschränkten Zugang hat. Hier werden häufig die gleichen Inhalte in einer Dauerschleife hintereinander gezeigt, sodass der Rezipient zu unterschiedlichen Zeiten den Inhalt rezipieren kann. Bei individuellen Abrufdiensten hingegen startet das Programm erst auf Abruf des Rezipienten. Das heißt, hier handelt es sich um »entlinearisierte« Angebote, bei denen der Anbieter keine zeitliche Abfolge vorgibt.

Die zweite Ebene illustriert die unterschiedlichen Übertragungsmodi, die in Form eines Downloads, eines progressiven Downloads oder eines Streamings erfolgen können. Bei einem klassischen Download werden die Filmdateien auf der Festplatte des Rezipienten gespeichert. Bei einem progressiven Download hingegen kann der bereits geladene Inhalt schon wiedergegeben werden, obwohl im Hintergrund noch die restlichen Teile geladen werden. Beim Streaming werden die Daten nicht dauerhaft auf der

112 Vgl. Mann (2010), S. 26; in Anlehnung an Ondarza (2008) und Wilde & Hess (2008).

Festplatte des Konsumenten gespeichert, sondern lediglich für den Zeitraum der Rezeption zwischengespeichert.

Des Weiteren kann in unterschiedliche Übertragungstechnologien unterschieden werden: Internet-Protokolle (IP) und Frequenzmodulation. Die Frequenzmodulation beschreibt die geläufige Übertragung über Breitbandkabelnetze oder terrestrischen Rundfunk. Bei der IP-basierten Übertragung hingegen werden digitale Pakete geschnürt, die beim Empfänger durch spezielle Hardware in audiovisuelle Information umgewandelt bzw. zurückgewandelt werden. [113]

Die Übertragungsmedien lassen sich in der vierten Ebene in fünf Medien unterteilen: Kupferkabel, Glasfaserkabel, TV-Kabel, Satellit und terrestrischer Rundfunk.

Damit die entsprechenden Dienste vom Endkonsumenten auch genutzt werden können, ist ein entsprechendes Endgerät notwendig. Dazu gehören Set-Top-Boxen, Computer oder Präsentationsgeräte, die die erforderlichen Systeme bereits integriert haben (Fernsehgeräte, Tablets oder Smartphones).

Die sechste Ebene beschreibt die verschiedenen Abrechnungsmodi. Beim Pay per View (PPV) wird pro einzeln abgerufenem Inhalt abgerechnet. Das Abonnement-Modell erlaubt einen unbegrenzten Abruf aller Inhalte für einen vorher abgestimmten Zeitraum und Preis. Bei der Kaufoption erwirbt der Konsument das zeitlich unbegrenzte Nutzungsrecht an einem Inhalt. Weiterhin gibt es auch Inhalte, die dem Konsumenten kostenlos bereitgestellt werden.

Schlussendlich muss auch die zeitliche Nutzungsbeschränkung in Betracht gezogen werden. Hier wird zwischen beschränkt und unbeschränkt unterschieden. [114]

Im Folgenden werden nun auf Basis dieser Systematisierung die unterschiedlichen Varianten der internetbasierten Filmabrufdienste beschrieben und den einzelnen Dimensionen zugeordnet.

113 Vgl. Fritsch (2010), S. 4ff.
114 Vgl. Mann (2010), S. 26ff.

4. 3. 2 Video-on-Demand

Video-on-Demand-Dienste, aus dem Englischen übersetzt »Film auf Abruf«, sind individuelle Abrufdienste, die dem Endkonsumenten einen zeitlich begrenzten Zugang zu Filmen von zu Hause aus ermöglichen. [115] Dabei spielt es zunächst keine Rolle, über welches Endgerät der Nutzer die Inhalte rezipieren möchte. [116]

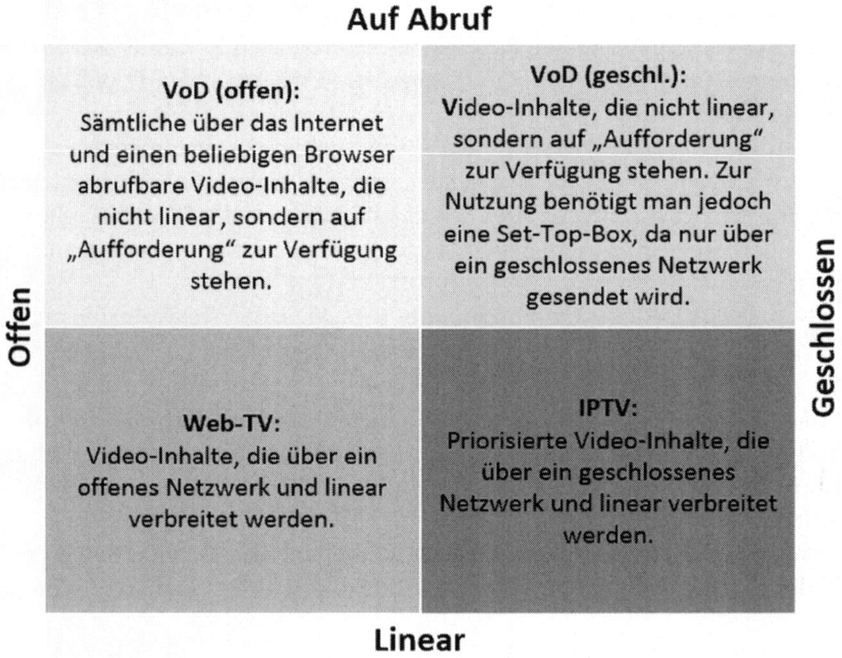

Abbildung 12: VoD-Begriffsbestimmungen/Abgrenzung von Web-TV und IPTV. [117]

Bei Video-on-Demand-Diensten handelt es sich also im Allgemeinen um nicht-lineare Abruf-Dienste, die von linearen Diensten wie Web-TV oder IPTV abzugrenzen sind. Die nachfolgende Matrix zeigt die Unterschiede

115 Vgl. Mann (2010), S. 28.
116 Vgl. Friedrichsen et al. (2006), S. 82.
117 Eigene Darstellung in Anlehnung an House of Research (2013), S. 2.

zwischen offenen und geschlossenen VoD-Diensten sowie Web-TV- und IPTV-Diensten. [118]

VoD-Dienste können sowohl offen als auch geschlossen sein. Offene Dienste sind für alle Nutzer über sämtliche Browser frei zugänglich. Für die Nutzung geschlossener Dienste hingegen benötigt man Set-Top-Boxen, da der Empfang nur über ein geschlossenes Netzwerk möglich ist.

Das Web-TV ist zwar auch ein offen zugänglicher Anbieter, ist jedoch nur linear empfangbar. Das bedeutet, dass das Programm nicht frei wählbar oder individualisierbar ist, sondern vom jeweiligen Anbieter vorgegeben wird. [119] Ein klassisches Beispiel für einen Web-TV-Anbieter ist beispielsweise »Zattoo«. Hier werden lineare Fernsehsender über einen Livestream im Internet übertragen. Dieser ist über jeden Browser frei zugänglich. [120]

IPTV hingegen ist nur über ein geschlossenes Netzwerk verfügbar. Anbieter hierfür sind zum Beispiel Telekom IPTV oder Vodafone IPTV. Hier können für einen monatlichen Paketpreis unterschiedliche Sender über eine Set-Top-Box empfangen werden. [121]

Ordnet man nun VoD-Dienste in die ursprünglich aufgeführte Systematisierung von Zugriff- und Abrufdiensten, ergibt sich das folgende Dimensionsmuster (hellgrau):

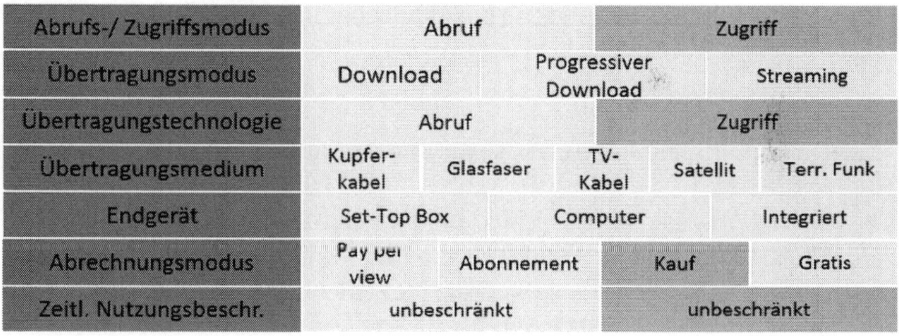

Abbildung 13: Einordnung internetbasierter VoD-Dienste. [122]

118 Vgl. House of Research (2013), S. 2.
119 Vgl. House of Research (2013), S. 2.
120 Vgl. IPTV-Anbieter (2014 a).
121 Vgl. IPTV-Anbieter (2014 b).
122 Vgl. Mann (2010), S. 29.

In Bezug zu der Dimension der Abrechnungsmodi lassen sich drei Unterkategorien von VoD-Diensten identifizieren: Subscription-VoD, transaktionsfinanziertes VoD und werbefinanziertes VoD. Diese werden in den in den nächsten drei Abschnitten kurz dargestellt.

4. 3. 3 Subscription Video-on-Demand

Subscription Video-on-Demand (SVoD) macht sich den bereits gebräuchlichen Abrechnungsmodus des Abonnements zunutze. Die Endkunden zahlen einen wöchentlichen oder monatlichen Festbetrag, für den sie in dem festgelegten Zeitraum unbegrenzt Zugriff auf die angebotenen Inhalte haben. [123] Diese Variante ist sowohl aus Anbieter- als auch aus Rezipienten-Sicht vorteilhaft: Anbieter können durch die Abonnements mit einer gewissen Kalkulationssicherheit rechnen und Rezipienten schützen sich bei unerwartet hohem Konsum vor hohen Ausgaben. [124] Einige Studien belegen bereits, dass der Konsum über solche nutzungsunabhängigen Tarife bei dem Konsumenten zu einem höheren Grad an Genuss und Befriedigung führt als bei nutzungsabhängigen Tarifen[125] wie zum Beispiel dem transaktionsfinanzierten Video-on-Demand.

Auf dem deutschen Markt sind bereits einige SVoD-Plattformen vertreten. Darunter fallen Anbieter wie Watchever, maxdome oder auch seit September 2014 Netflix. [126]

4. 3. 4 Transaktionsfinanziertes Video-on-Demand

Bei transaktionsfinanzierten Video-on-Demand-Diensten (TVoD) werden pro abgerufenem Inhalt Nutzungsgebühren fällig. »Transaktionsfinanziert« sind sie also deswegen, weil die zu zahlenden Gebühren nur für das anfallen, was man auch tatsächlich rezipiert. Daher kommt diese Form der Onlineverwertung von Inhalten dem physischen DVD-Verleih am nächs-

123 Vgl. Ulin (2010), S. 374ff und Mann (2010), S. 30.
124 Vgl. Mann (2010), S. 30.
125 Vgl. Lambrecht (2005), o.S.
126 Vgl. House of Research (2013), S. 4 und Deloitte (2014), S. 5ff.

ten. [127] Ein klassisches Beispiel für ein TVoD-Angebot ist die Film-und Serien-Mediathek iTunes vom US-Konzern Apple. [128]

4. 3. 5 Werbefinanziertes Video-on-Demand

Werbefinanziertes Video-on-Demand oder auch AVoD (englisch: »Advertised Video-on-Demand«) zeichnet sich durch die Kostenlosigkeit gegenüber dem Endkonsumenten durch die Erlösgenerierung durch Werbung aus. [129]

Eine bekannte AVoD-Plattform in Deutschland ist beispielsweise myvideo. de, die zu der Pro7Sat. 1 Media AG gehört oder die Plattform MSM movies. [130]

4. 3. 6 Electronic Sell Through

Während sich die VoD-Angebote auf das Prinzip des zeitlich begrenzten Verleihens von Filmen und Serien beschränken, stellen Electronic-Sell-Through (EST)-Angebote das digitale Pendant zum physischen Filmkauf dar. Somit erhält der Kunde hier durch den käuflichen Erwerb das Recht der zeitlich unbefristeten Nutzung.

Die Hauptunterschiede zum VoD sind also die verschiedenen Abrechnungsmodi und die wegfallende zeitliche Beschränkung. Ein weiterer Unterschied ist auch der Übertragungsmodus. Streaming-Angebote fallen bei dieser Abrufform weg, da die erworbenen Inhalte heruntergeladen werden können, um sie dann auf einem beliebigen persönlichen Endspielgerät abzuspielen.

Deswegen werden EST-Angebote auch häufig als »Download-to-own« bezeichnet. [131] EST unterscheidet sich in den übrigen vier Dimensionen nicht vom VoD. Die konkrete Einordnung von EST-Diensten (hellgrau) kann der nachfolgenden Abbildung entnommen werden:

---

127 Vgl. Kanji (2012 a), o.S.
128 Vgl. House of Research (2013), S. 4.
129 Vgl. Mann (2010), S. 30.
130 Vgl. House of Research (2013), S. 4.
131 Vgl. Kreuzer (2010), S. 33.

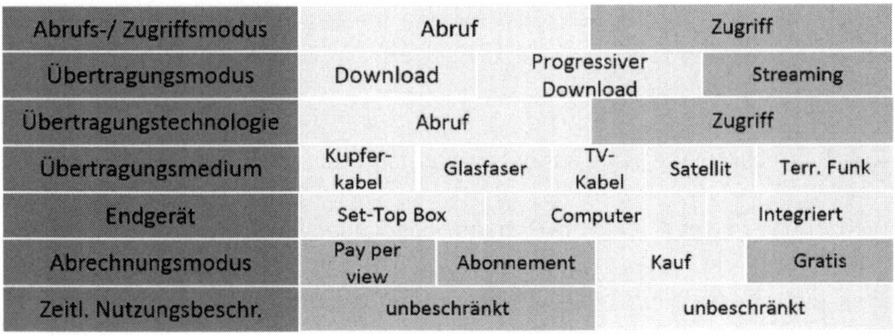

Abbildung 14: Einordnung von Electronic-Sell-Through-Angeboten. [132]

In manchen Fällen wird es den Nutzern sogar rechtlich gestattet, die heruntergeladenen Inhalte auf einen physischen Bildträger wie eine DVD oder Blu-ray zu brennen. Dieses Recht wird aber durch DRM-Systeme geschützt und somit auf eine bestimmte Anzahl von Brennvorgängen beschränkt.

Durch die Möglichkeit, eine lokale Kopie der Inhalte zu erstellen, besteht bei EST-Angeboten der Vorteil, Filme und Serien auch ohne Internetverbindung zu rezipieren. Dieser Vorteil kommt vor allem bei mobilen Endgeräten zum Tragen, da hier oft die Bandbreiten des Internetzuganges beschränkt sind.

Ein Filmkauf ist auch dann dem Leihen bevorteilt, wenn ein Inhalt mehrfach rezipiert werden soll und so die zu entrichtenden Leihgebühren in der Summe den Kaufpreis übersteigen würden. [133] Ein Beispiel für eine EST-Plattform im deutschen Markt ist ähnlich wie bei den TVoD-Plattformen iTunes. Hier können Filme und Serien nicht nur für einen begrenzten Zeitraum ausgeliehen, sondern auch gekauft werden. [134]

4. 3. 7 Übersicht der aktuellen VoD-Anbieter

Die folgende Tabelle listet die zurzeit relevantesten bzw. umsatzstärksten VoD- und/oder Streaming-Anbieter im deutschen Markt. Neben den lega-

---

132 Vgl. Mann (2010), S. 31.
133 Vgl. Mann (2010), S. 31.
134 Vgl. House of Research (2013), S. 4.

len Anbietern findet sich auch eine illegale Plattform, Kinox.to, unter den aufgelisteten.

Tabelle 2: Übersicht der relevantesten VoD-Anbieter. [135]

Anbieter	Umfang	Geschäftsmodell	Herkunft
Amazon Prime Instant Video	Ca. 2. 300 Filme und Serien	SVoD (7,99€/Monat oder 49,99€/ Jahr)	Nachfolger des Amazon-Angebotes Lovefilm
iTunes	Ca. 15. 000 Filme und Serien	TVoD/EST (0,99€ -11. 99€)	Medienvertriebssystem von Apple
Kinox.to	Ca. 17. 000 Filme und Serien	Werbefinanziertes, illegales Angebot	2011 als Nachfolger des gesperrten Kino.to gegründet
maxdome	50. 000 Filme und Serien	SVoD (7,99€/Monat), TVoD (0,49€-3,99€)	Pro7Sat. 1 Media AG
Myvideo	Rund 550 deutschsprachige Filme	AVoD	Pro7Sat. 1 Media AG
Netflix	1. 800 Filme, 200 Serien	SVoD (7,99€/Monat)	1997 in den USA als Post-Leihversand gegründet
Sky Snap	600 Filme, 90 Serienstaffeln, 700 Kindersendungen, über 3000 Live-Sportübertragungen	SVoD (Im normalen Sky Abo automatisch enthalten)	Abkopplung des Pay-TV Senders Sky
Videoload	Ca. 2. 800 deutschsprachige Filme	TVoD (4,99€-16,99€)	Deutsche Telekom AG
Watchever	Ca. 3. 800 Filme und 300 Serien	SVoD (8,99€/ Monat)	Angebot der Vivendi SA

135 Eigene Darstellung in Anlehnung an Heger (2011), o.S; Kandzora (2014), o.S.; Greif (2014), o.S. und Ulin (2010), S. 296ff.

4. 3. 8 Kurzüberblick: Entwicklung des VoD-Markts in Deutschland

Der noch sehr junge Wirtschaftszweig der VoD-Branche hat sich in Deutschland rasant entwickelt, nicht nur in Bezug zu der Anzahl der Marktteilnehmer, sondern auch zum Umsatzvolumen, das mittlerweile generiert wird. Laut einer Studie der GfK verdoppeln sich die Umsätze der Branche annähernd jährlich (siehe Abbildung 15). Dabei ist zu beachten, dass sich diese Umsätze jedoch ausschließlich auf die User-generierten Umsätze beziehen und die Werbeeinnahmen ausklammern. [136]

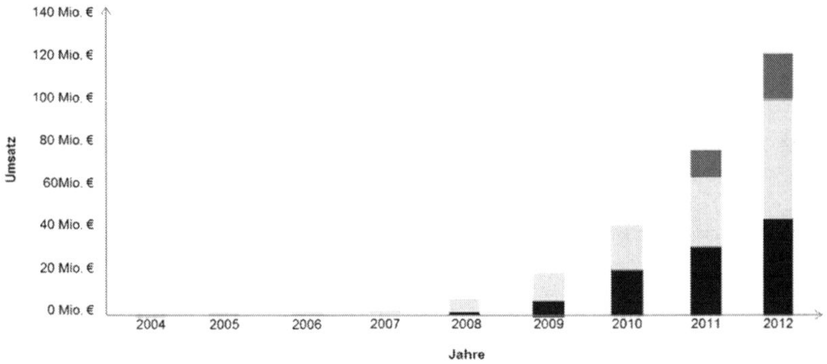

	2004	2005	2006	2007	2008	2009	2010	2011	2012
SVoD								13 Mio.	22 Mio.
TVoD	1 Mio.	1 Mio.	2 Mio.	3 Mio.	6 Mio.	13 Mio.	21 Mio.	32 Mio.	55 Mio.
EST					2 Mio.	8 Mio.	22 Mio.	33 Mio.	46 Mio.
Gesamt	**1 Mio.**	**1 Mio.**	**2 Mio.**	**3 Mio.**	**8 Mio.**	**21 Mio.**	**43 Mio.**	**78 Mio.**	**124 Mio.**

Abbildung 15: Umsätze der VoD-Angebote in Deutschland, 2004-2011. [137]

Besonders auffällig ist der starke Anstieg der SVoD- und TVoD-Umsätze in den vergangenen Jahren. So vervierfachten sich die Umsätze von TVoD-Anbietern zwischen 2009 und 2012. [138] Laut einer aktuellen Goldmedia-Studie ist auch 2013 der Umsatz der TVoD-Anbieter mit rund 73 Mio. Euro immer noch der größte. [139] Aber auch der relativ neue SVoD-Bereich erreichte schon in den ersten beiden Jahren des Bestehens mehrstellige Millionenbeträge. [140] Langfristig gesehen prognostizieren Ex-

136 Vgl. House of Research (2013), S. 5.
137 Eigene Darstellung in Anlehnung an House of Research (2013), S. 5.
138 Vgl. House of Research (2013), S. 5.
139 Vgl. Goldmedia (2014 a), o.S.
140 Vgl. House of Research (2013), S. 5.

perten, dass sich der SVoD-Bereich im Vergleich durchsetzen wird. So sollen sich die Umsätze bis 2018 noch einmal mehr als verdreifachen. [141]

Betrachtet man die Verteilung der Marktanteile der verschiedenen Anbieter (siehe Abbildung 16), so ist genau dieser Trend auch erkennbar. TVoD- und SVoD-Anbieter wie zum Beispiel maxdome dominieren den Markt. Reine EST-Anbieter werden gar nicht aufgeführt.

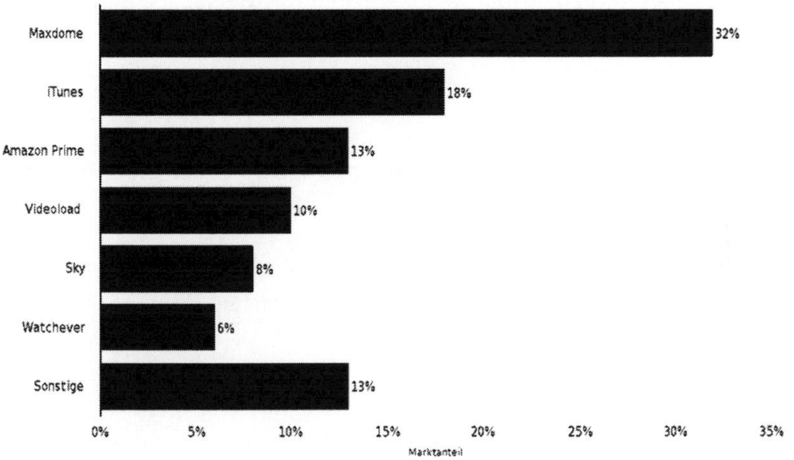

Abbildung 16: Marktanteile der Online-Videotheken in Deutschland im 1. HJ 2014. [142]

Maxdome verfügt zurzeit über das breiteste Angebot in der Branche[143] und dominiert so den Markt mit 32 Prozent im ersten Halbjahr von 2014. Die restlichen Marktanteile teilen sich iTunes, Amazon Prime, Videoload und Sky Snap. Watchever muss sich mit mageren 6 Prozent zufriedengeben. Französischen Medienberichten zufolge steht der SVoD-Anbieter kurz vor der Insolvenz. Nur ein Kauf könnte das Unternehmen noch vor dem Aus retten. [144]

Dieses Marktanteilverhältnis ist jedoch nur als temporäre Momentaufnahme zu werten, die durch immer wieder neueintretende Marktteilneh-

141 Vgl. Goldmedia (2014 b), o.S.
142 Vgl. Focus (2014), S. 136.
143 Vgl. Kandzora (2014), o.S.
144 Vgl. Hecking (2014), o.S.

mer aus dem Gleichgewicht gebracht werden kann. So ist beispielsweise der US-Konzern Netflix, der im September 2014 auf den deutschen Markt getreten ist, noch gar nicht aufgeführt. Aktuelle Zahlen und Daten werden in Kapitel 5 aufgeführt.

Zusammenfassend kann festgehalten werden, dass trotz des enormen Anstiegs der Anbieter und des Umsatzvolumens der Gesamtumsatz der Branche von rund 154 Mio. Euro (2013) einen bisher nur kleinen Teil von 8,8 Prozent der gesamten Film- und Fernsehindustrie Deutschlands ausmacht. [145] Die Ausmaße, die diesbezüglich prognostiziert werden können, werden in der Ausführung der empirischen Untersuchung und dem Ausblick beschrieben.

Zunächst wird im folgenden Abschnitt die zeitliche Abfolge der aktuellen Verwertungsfenster aus rechtlicher und aus strategischer Sicht betrachtet.

4. 4 Zeitliche Abfolge der aktuellen Verwertungsfenster

Durch das Aufkommen neuer Anbieter verändert sich nicht nur die Struktur, das heißt die verschiedenen Dimensionen und die Reihenfolge der Verwertungskette, sondern auch die zeitliche Abfolge.

Diese Abfolge sowie die Dauer der jeweiligen Verwertungsfenster nach der Erstausstrahlung in den Kinos werden durch sogenannte Sperrfristen des Filmförderungsgesetzes reguliert. Diese sind in § 30 geregelt und werden über die Jahre hinweg je nach Bedarf angepasst. Dieses Gesetz entspricht der Rechtsgrundlage der deutschen Filmförderungsanstalt, welche 1968 parallel zum Inkrafttreten des FFG gegründet wurde. [146]

Die nachfolgende Tabelle zeigt die Ergebnisse einer Rechtsrecherche der Autorin der vorliegenden Arbeit, die bereits im Jahre 2013 durchgeführt wurde. Da bis dato keine neuen Gesetzesänderungen zu verzeichnen waren, sind die Zeitangaben auch für 2014 gültig.

---

145 Vgl. PwC (2013), o.S.
146 Vgl. § 1 ff. FFG (1979).

Tabelle 3: Zeitliche Veränderungen der Verwertungs-Sperrfristen in Deutschland. [147]

Jahr	DVD	VOD	Pay-TV	Free-TV
1986	6 Monate	-	-	48 Monate
1998	6 Monate	-	18 Monate	24 Monate
2003	6 Monate	12 Monate	18 Monate	24 Monate
2009	6 Monate	9 Monate	12 Monate	18 Monate
2014	4-6 Monate	4-6 Monate	12 Monate	18 Monate

In den Jahren 1986 bis 2002 waren in zeitlicher Hinsicht kaum Veränderungen zu verzeichnen. Lediglich die Aufnahme des Pay-TV-Fensters und die Verkürzung des Free-TV-Fensters von 48 auf 24 Monate sind ersichtlich.

Durch das Hinzukommen des Video-on-Demand-Fensters 2003 wurde die bis heute gültige Rahmenstruktur der Verwertungskette geschaffen, auch wenn sich erst im Laufe der Zeit die unterschiedlichen Ableger der VoD-Dienste bildeten. Zu Beginn durften Filme erst 12 Monate nach der Erstaufführung im Kino für das Publikum bereitgestellt werden,[148] mittlerweile schon nach 4-6 Monaten. Diese Art der zeitlichen Bereitstellung wird auch als »Day-and-Date« bezeichnet und soll besser auf das Nutzungsverhalten der Rezipienten eingehen. [149]

Zusammenfassend kann man festhalten, dass die zeitliche Abfolge der digitalisierten Verwertungskette sich immer weiter verkürzt hat und so eine starke Tendenz zur zeitgleichen Rezeption von Inhalten über verschiedene Kanäle hat.

Strukturell hingegen hat sich bis auf die Ergänzung um weitere Verwertungskanäle insofern wenig getan, als in Deutschland die traditionellen Kanäle nach wie vor ihre lange gefestigten Plätze beibehalten. Ob sich das in Zukunft ändern wird und die digitalen Kanäle noch weiter nach vorne versetzt werden, soll unter anderem durch die in Kapitel 6 durchgeführte empirische Untersuchung analysiert werden.

Obwohl die Sperrfristen gesetzlich geregelt sind, bleiben den jeweiligen Filmdistributoren Spielräume, um ihre eigene Verwertungskette anzupas-

147 Eigene Darstellung in Anlehnung an Glockseisen (2013), S. 41 und § 30 ff. FFG (1979-2012).

148 Vgl. § 30 FFG (2003).

149 Vgl. Presse- und Informationsamt der Bundesregierung (2012).

sen und je nach Bedarf durch die Vergabe spezieller Exklusivrechte abzuwandeln.

5. Netflix

Ein Beispiel für den weltweit großen Erfolg von Online-Streaming-Plattformen ist das Unternehmen Netflix. Die Macher von Netflix haben es verstanden, die Regeln und Chancen des Internets zu verinnerlichen und in einem positiven Geschäftssinn für sich einzusetzen. [150]

Der US-amerikanische Online-Videodienst, der mit seinem Produktportfolio zu den weltweit führenden Anbietern von Video-Streaming-Portalen gehört,[151] soll nun im Rahmen dieser Arbeit näher beleuchtet werden.

Zunächst wird das Unternehmen in einem Kurzprofil vorgestellt, um dann näher auf das spezifische Angebot und den Markteintritt in Deutschland einzugehen. Daran anknüpfend wird die Konkurrenz des Unternehmens näher beleuchtet sowie eine Risikoanalyse durchgeführt, um dann konkrete strategische Entwicklungsziele in Deutschland und auch weltweit zu nennen.

5. 1 Kurzprofil

Die Videoplattform Netflix startete 1997 als eine Online-Videothek in den USA und wurde von den beiden Software- und IT-Spezialisten Reed Hastings und Marc Randolph geründet. [152] Der Hauptsitz des Unternehmens befindet sich in Los Gatos, Kalifornien, USA. Die damals neuartige Idee des Unternehmens war es, eine Filmflatrate für Kunden auf einer Abonnement-Basis einzurichten. Dazu wurden DVDs per Post an die Kunden versandt und konnten nach einer beliebigen Zeit kostenlos zurückgesendet werden. [153]

Das damals 30 Mann starke Unternehmen mit einem Produktportfolio von 925 Filmen wuchs schnell und ging bereits 2002 mit rund 600. 000 Nutzern an die Nasdaq – die größte elektronische Börse der Vereinigten

150 Vgl. Buhse (2014), S. 141.
151 Vgl. Handelsblatt.com (2014), o.S.
152 Vgl. Netflix (2014 b), o.S.
153 Vgl. IfM (2012), o.S.

Staaten von Amerika. Nur 3 Jahre später stieg die Abonnentenzahl um das Siebenfache auf 2005 4,2 Millionen. [154] Nachdem im Zuge der Digitalisierung die Nachfrage nach digitalen Streaming-Diensten immer größer wurde, verlagerte Netflix ab 2007 den Fokus seiner Tätigkeiten auf dieses Geschäftsfeld.

Heute beschäftigt das Unternehmen über 2.000 Mitarbeiter, agiert in rund 40 Ländern weltweit und unterhält mehr als 57 Millionen Abonnenten mit Filmen und Serien weltweit. [155] An der Unternehmensspitze sitzt nach wie vor Reed Hastings. Er fungiert sowohl als Geschäftsführer als auch als Vorstandsvorsitzender und ist mit 4,44 Prozent auch anteilig am Unternehmen beteiligt (vgl. Abbildungen 17 und 18). [156] Die aktuellen Vorstandsposten und der Aufsichtsrat werden in dem nachfolgenden Organigramm dargestellt:

Abbildung 17: Organigramme: Vorstand und Aufsichtsrat[157]

Die konkreten Besitzverhältnisse des Unternehmens sind in Abbildung 18 dargestellt. Neben Reed Hastings und einem großen Streubesitzblock be-

154 Vgl. Netflix (2014 b), o.S.
155 Vgl. Netflix (2013), S. 2.
156 Vgl. IfM (2012), o.S.
157 Eigene Darstellung in Anlehnung an IfM (2012), o.S.

sitzen die Unternehmen T. Rowe Price Associates, Inc. und The Vanguard Group, Inc. auch jeweils 8,95 und 5,11 Prozent. [158]

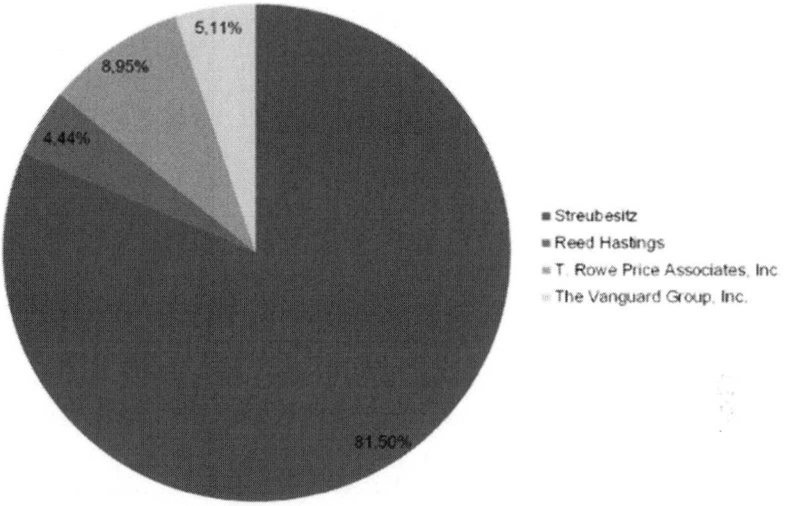

Abbildung 18: Besitzverhältnisse Netflix. [159]

Der große Anteil an Streubesitz ist zum einen natürlich dem Börsengang im Mai 2002 geschuldet, zu großen Teilen aber auch der besonderen Personalpolitik von Netflix. Reed Hastings lehnt bürokratische Strukturen grundsätzlich ab und vertritt sein Motto »Freedom and Responsibility«[160] in allen Bereichen des Unternehmens. So können Mitarbeiter zum Beispiel frei wählen, ob ihr Gehalt in Form von Geld oder Unternehmensaktien ausgezahlt wird.

Die Netflix, Inc. unterteilt sich in die drei Hauptgeschäftsfelder »Domestic Streaming«, »International Streaming« und »Domestic DVD«.

»Domestic DVD«, also der Versand von DVDs, ist zwar das Ursprungs-Geschäftsfeld des Unternehmens, dennoch distanziert sich Netflix immer weiter davon. Der Fokus liegt mehr und mehr auf dem Online-Streaming-Bereich, sowohl im Inland als auch im Ausland. »International Streaming«

158 Vgl. IfM (2012), o.S.
159 Eigene Darstellung in Anlehnung an IfM (2012), o.S.
160 In Deutsch: Freiheit und Verantwortung.

und »Domestic Streaming« stellen also zusammenfassend die primäre strategische Ausrichtung des Unternehmens dar. [161]

Auf Basis dieses Kurzprofils werden in den nächsten Abschnitten sowohl das Grundkonzept sowie das Angebot des Unternehmens vorgestellt als auch der Markteintritt anhand von aktuellen Zahlen und strategischen Ausrichtungen beleuchtet. Im Zuge dessen werden auch eine Konkurrenzanalyse und eine Risikoanalyse für den deutschen Markt durchgeführt. Final werden dann die strategischen Ziele und Entwicklungsvorstellungen des Unternehmens dargestellt.

5. 2 Angebot

Netflix bietet als SVoD-Anbieter rund 1. 800 Filme und 200 Serien zu einem monatlichen Abo-Preis an. Die Preise für die Nutzung unterscheiden sich ja nachdem, auf wie vielen Endgeräten man gleichzeitig auf die Inhalte zugreifen möchte. Für einen einzigen SD-Stream muss der Kunde 7,99 Euro zahlen. Sollen zwei Geräte gleichzeitig benutzt werden können, so werden 8,99 Euro fällig. In diesem Fall sind dann aber auch schon beide Streams in HD-Qualität empfangbar. Mit der teuersten Kategorie für 11,99 Euro empfängt man vier Streams in High Definition. [162]

In Bezug zu den verfügbaren Genres trifft Netflix anscheinend jeden Geschmack: Von Action-Blockbustern über koreanische Seifenopern bis hin zu Science-Fiction-Filmen oder Kinderserien – Netflix hat es sich zur Aufgabe gemacht, einem breiten Publikum ein breites Spektrum an Inhalten zu geben. [163] Innerhalb dieses breiten Spektrums kommt eine der wichtigsten USPs[164] des Unternehmens zum Tragen: die Personalisierbarkeit. Über einen einfachen Fragenkatalog (siehe folgende Abbildung) kann jeder Nutzer genau bestimmen, welche Genres von ihm präferiert werden und welche nicht.

---

161 Vgl. IfM (2012), o.S. und Netflix (2013), S. 2.
162 Vgl. Kandzora (2014), o.S.; Hartlmeier (2014), o.S.
163 Vgl. Netflix (2014 a), S. 3.
164 USP (Unique Selling Proposition) = Alleinstellungsmerkmal.

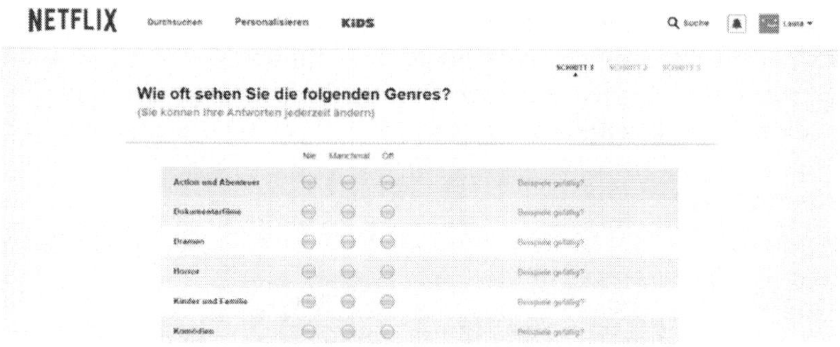

Abbildung 19: Evaluierung zur Personalisierung. [165]

Im Anschluss an diese Evaluierung werden dem Nutzer dann spezifische Vorschläge bzw. Empfehlungen gemäß der jeweiligen Präferenzen gemacht.

Neben dieser Inhalte-spezifischen Personalisierungsmöglichkeit können des Weiteren unterschiedliche Profile mit unterschiedlichen Nutzungspräferenzen bzw. Eingrenzungen erstellt werden. Wie die nachfolgende Grafik zeigt, können so bis zu fünf Profile kreiert und je nach Bedürfnis gestaltet werden.

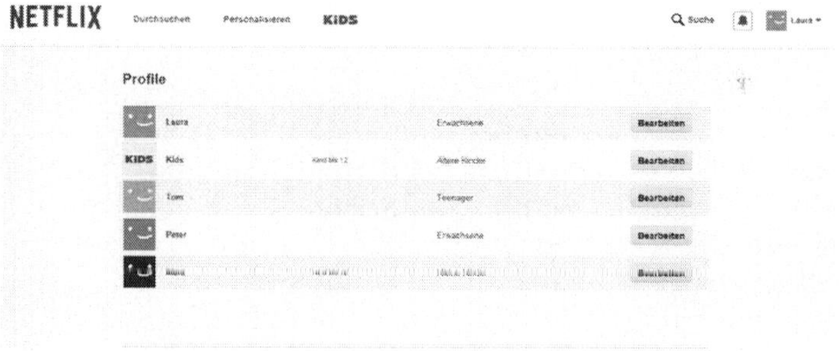

Abbildung 20: Profile innerhalb des Accounts. [166]

---

165 Vgl. Netflix (2014 d). Hierbei handelt es sich um einen Screenshot des offiziellen Accounts der Autorin. Das Öffnen der betreffenden URL erfordert somit eine individuelle Anmeldung.

166 Vgl. Netflix (2014 d). Hierbei handelt es sich ebenfalls um einen Screenshot des offiziellen Accounts der Autorin. Das Öffnen der betreffenden URL erfordert somit eine individuelle Anmeldung.

Sind die Profile einmal erstellt, wird vor jedem Start von Netflix abgefragt, welcher Nutzer gerade online ist (vgl. Abbildung 21). So kann zum Beispiel auch bei Familien mit Kindern und Jugendlichen gewährleistet werden, dass diese auch nur altersgerechte Inhalte konsumieren können.

Abbildung 21: Vorgelagerte Abfrage über den Nutzer. [167]

Neben der Personalisierbarkeit sticht das Angebot von Netflix vor allem auch durch die Exklusivität der Inhalte hervor. Neben den eingekauften Filmen und Serien bietet Netflix seit 2013 auch eigens produzierte Inhalte an[168] – mit ein Grund, warum der Aktienkurs seit 2013 um knapp 500 Prozent stieg. [169] Die aktuellen Serien und Dokumentationen können Tabelle 3 entnommen werden.

Tabelle 4: Aktuelle Eigenproduktionen Netflix.[170]

Titel	Jahr	Produktionsart
Lilyhammer	Seit 2012	Serie
House of Cards	Seit 2013	Serie
Hemlock Grove	Seit 2013	Serie
Orange Is The New Black	Seit 2013	Serie
Arrested Development	2013	Serie (Staffel 4)
The Problem Solverz	2013	Animationsserie (Staffel 2)
The Killing	2014	Serie (Staffel 4)
Turbo FAST	2013	Animationsserie
Bad Samaritans	2013	Serie
BoJack Horseman	Seit 2014	Animationsserie
Knights od Sidonia	2014	Animationsserie

167 Vgl. ebenda.
168 Vgl. Fritz (2011), o.S.
169 Vgl. Riehl (2014), o.S.

Titel	Jahr	Produktionsart
VeggieTales in the House	2014	Serie
Star Wars: The Clone Wars	2014	Animationsserie
Trailer Park Boys	2014	Dokumentarfilm
The Square	2013	Dokumentarfilm
Mitt	2014	Dokumentarfilm
Virunga	2014	Dokumentarfilm

Netflix kündigt für 2015 bereits drei neue Eigenproduktionen an: Bloodline, F is for Family und Between. Die Serien sollen an den Erfolg der bisherigen Produktionen nahtlos anknüpfen. [171]

Durch komplexe Algorithmen kann ein extra dafür freigestelltes Team genau das Nutzungsverhalten der Abonnenten dokumentieren und so nicht nur die Zusammenstellung der Inhalte personalisieren, sondern auch bis zu einem gewissen Grad vorhersagen, welche Genres besonders attraktiv für die Nutzer sind und auf Basis dessen passende Inhalte produzieren. [172]

Diese Form der Hyper-Personalisierung ermöglicht es Netflix, genau nach den Bedürfnissen seiner Nutzer zu handeln und sich so von einem traditionellen Produktionsstudio abzuheben, dem solche digitalen Möglichkeiten nur beschränkt zur Verfügung stehen. [173]

Eine weitere Besonderheit des Angebotes von Netflix ist es, dass die Zuschauer bei den sogenannten »Netflix Originals«, also den Eigenproduktionen, nicht in einem gewohnten wöchentlichen Rhythmus auf die nächste Folge warten müssen, sondern dass alle Folgen gleichzeitig zur Verfügung gestellt werden. [174]

Um die Stärken und Schwächen des Unternehmens Netflix aufzeigen wird im Folgenden eine sogenannte SWOT-Analyse herangezogen. Diese Analyse ist ein beliebtes Instrument in der strategischen Planung, um Chancen und Stärken sowie Risiken und Schwächen herauszustellen. Das Akronym SWOT steht infolgedessen für S (Strengths = Stärken), W (Weaknesses = Schwächen), O (Opportunities = Chancen) und T (Threats = Risiken). [175]

170 Vgl. Fritz (2011), o.S. & Kühl (2013), o.S.
171 Vgl. Dressler (2014), o.S.
172 Vgl. IfM (2012), S. 4.
173 Vgl. TLC Germany (2015.).
174 Vgl. IfM (2012), S. 4.
175 Vgl. Haunerdinger; Probst (2008), S. 25.

Die Analyse dient dazu, einen eventuellen Handlungsbedarf zu erkennen: Welche Stärken können ausgebaut, welche Schwächen vermieden, welche Chancen erkannt und welche Risiken im Vorfeld vermieden werden?[176]

Dabei ist zu beachten, dass sich die Stärken und Schwächen auf interne Faktoren beziehen, wohingegen die Chancen und Risiken externer Natur sind. [177] Auf Basis dessen kann nun die SWOT-Analyse für Netflix durchgeführt werden:

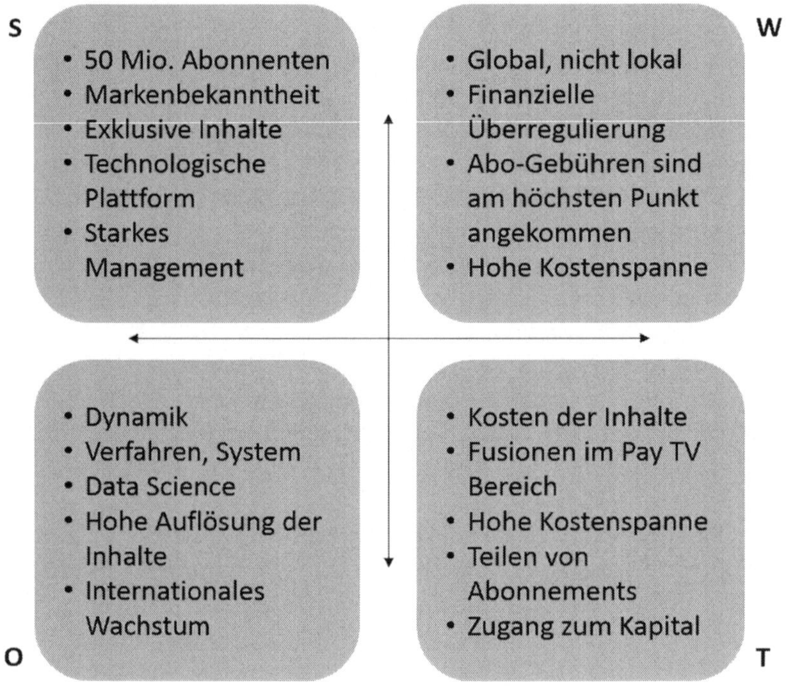

Abbildung 22: SWOT-Analyse Netflix. [178]

Die besondere Angebotsform von Netflix beinhaltet verschiedene Vor- und Nachteile, die es im strategischen Management zu beachten gilt. Netflix hat deswegen, besonders im Zuge des internationalen Wachstums des

---

176 Vgl. Haunerdinger; Probst (2008), S. 26.
177 Vgl. Recklies (2014), o.S.
178 Inhalt und Darstellung sind Annahmen der Autorin.

Unternehmens, folgende Stärken, Schwächen, Chancen und Risiken für das Unternehmen definiert.

Im Bereich der Stärken sieht das Unternehmen vor allem die bereits große Anzahl an Abonnenten und die damit einhergehende Markenbekanntheit als großen Vorteil. Im Gegensatz dazu stehen Schwächen wie zum Beispiel eine hohe Kostenspanne oder eine finanzielle Überregulierung. Obwohl eine globale Ausrichtung des Unternehmens durchaus angestrebt ist und bereits durchgeführt wird, werden hier auch Schwächen in Bezug zu der geringen lokalen Ausrichtung gesehen. Besonders bei Eigenproduktionen müssen die einzelnen Märkte gesondert betrachtet werden und können nicht als eine einzige globale Zielgruppe betrachtet werden. Die meisten Möglichkeiten sieht das Unternehmen durch seine Dynamik und die dahinterstehenden technischen Verfahren und Systeme. So äußert sich Netflix auch über sein Management von Kundendaten wie folgt: »Data Science is the new currency of the digital world«.

Als mögliche Bedrohungen werden die Kosten der zu produzierenden Inhalte genannt, aber auch die Tatsache, dass sich mehrere Personen einen Account teilen können und so einige zahlende Kunden verloren gehen. Weitere bedrohliche Faktoren sind auch der Zugang zum Kapital, aber auch die hohe Kostenspanne, die es zu decken gilt.

5. 3 Markteintritt in Deutschland

Nach dem Erfolgskurs des Unternehmens in den USA und Kanada startete Netflix am 16. September 2014 mit dem oben beschriebenen Angebot auch in Deutschland. Fast zeitgleich wurden auch die Märkte in Österreich, der Schweiz, Belgien, Luxemburg und Frankreich erschlossen. [179]

Bislang ist das Angebot in Deutschland noch lange nicht so breit gefächert wie zum Beispiel in den USA. Durch die komplexen Strukturen des Filmrechtehandels sind zahlreiche internationale Filme noch nicht für den deutschen Markt lizensiert. Selbst die dritte Staffel der Eigenproduktion »House of Cards« läuft in Deutschland zuerst auf Sky, bevor der Internetdienst es selbst zeigen kann. [180]

179 Vgl. IfM (2012), S. 4.
180 Vgl. Fichter (2014), S. 1.

Um die Einführung in die neuen Märkte so fulminant wie möglich zu gestalten, wurde eine Roadshow mit unterschiedlichen Presseterminen in ganz Deutschland geplant. So wurde Journalisten und anderen ausgewählten Personenkreisen das neue Angebot vorgestellt.

Neben dieser Einführung wurde eine umfangreiche Werbekampagne mit TV-Spots, Plakaten und Social-Media-Maßnahmen geplant. [181] Die Berliner Agentur Jung von Matt/Spree betreut dabei die Kampagne in Deutschland. [182]

Vor dem offiziellen Start in Deutschland wurden zunächst gekürzte Fassungen der späteren TV-Spots auf den Social-Media-Plattformen des Unternehmens verbreitet (siehe Abbildung 23). Diese Appetitmacher wurden dann nach dem Start in voller Länge zu unterschiedlichen Zeiten in die Werbeblöcke integriert. [183]

Abbildung 23: Screenshot Twitter-Account Netflix. [184]

181 Vgl. Rentz (2014), o.S.
182 Vgl. Busch (2014), o.S.
183 Vgl. Rentz (2014), o.S.
184 Vgl. Rentz (2014), o.S.

Der Tenor dieser Spots ist immer ähnlich: Personalisierte Inhalte, keine Bindung an Sendezeiten oder Endgeräte und keine Werbeunterbrechungen. [185] Die einzelnen Slogans der Spots lauten beispielsweise:
- Schau nur, was du schauen willst«[186]
- »Deine Unterhaltung fängt an, wenn du willst«[187]
- »Gute Unterhaltung ist nicht an ein Gerät gebunden«[188]
- »Werbung hat Pause, wenn deine Unterhaltung anfängt«[189]

So werden durch die Marketingaktivitäten die zuvor beschriebenen wichtigsten USPs direkt angesprochen und in den Fokus gestellt.

5. 4 Aktuelle Zahlen und Entwicklungsziele

Dem aktuellsten Quartalsbericht des Unternehmens zufolge nutzen mittlerweile rund 57 Millionen Abonnenten weltweit den Streaming-Dienst. Davon stammen allerdings 37,3 Millionen aus den USA. [190] Durch die Expansion in andere Länder konnte Netflix allerdings allein im 4. Quartal 2014 2,43 Millionen neue Nutzer gewinnen. Damit übertraf das Unternehmen die Erwartungen der Börsianer, wonach die Unternehmensaktie um 16 Prozent stieg. [191] Im laufenden Quartal (Q1/2015) geht Netflix von einem erneuten Zuwachs an Abonnenten aus und plant eine Nutzerzahl von rund 61,4 Millionen. [192]

Neben den Abonnentenzahlen und dem Aktienkurs sind auch die Geschäftszahlen deutlich besser als noch vor einem Jahr. Der Umsatz des 4. Quartals 2014 verbesserte sich um mehr als 35 Prozent auf rund 1,3 Milliarden Dollar. So wurde der Gesamtgewinn von etwa 83 Millionen Dollar nahezu verdoppelt. Im laufenden Quartal (Q1/2015) geht Netflix nur von 37 Millionen Dollar Gewinn aus. [193]

Diese vielversprechenden Zahlen und die ambitionierten Wachstumspläne sollen sich bis 2020 noch weiter entwickeln. Unternehmensangaben

185 Vgl. Rentz (2014), o.S.
186 Vgl. Netflix-YouTube-Kanal (2014 a).
187 Vgl. Netflix-YouTube-Kanal (2014 b).
188 Vgl. Netflix-YouTube-Kanal (2014 d).
189 Vgl. Netflix-YouTube-Kanal (2014 c).
190 Vgl. Statista (2014 b), o.S.
191 Vgl. Handelsblatt.com (2015), o.S.
192 Vgl. Statista (2014 b), o.S.
193 Vgl. Handelsblatt.com (2015), o.S.

zufolge soll die weltweite Abonnentenzahl (exklusive der USA) von 15,8 Millionen 2014 auf rund 103,9 Millionen gesteigert werden. Allein in Deutschland sollen bis 2020 rund 11,3 Millionen Streaming-Abonnenten erreicht werden. Damit hätten dann etwa 30 Prozent aller TV-Haushalte hierzulande einen Netflix-Zugang. [194]

Die genaue Planung des Anstiegs der internationalen Streaming-Abonnenten von Netflix wird noch einmal in der folgenden Grafik dargestellt.

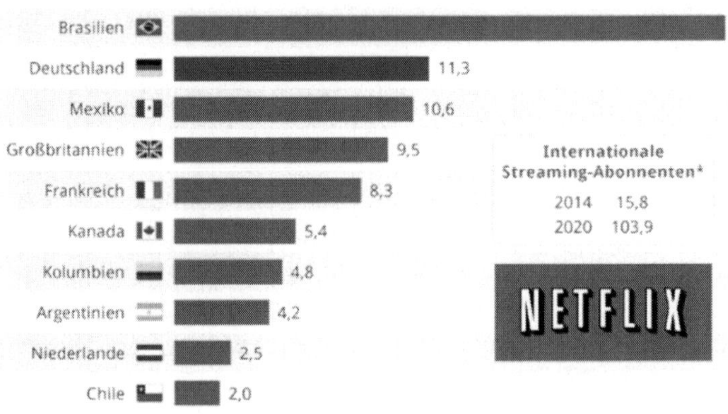

Abbildung 24: Prognose: Anzahl der Abonnenten in 2020 (in Mio.). [195]

Der Verlauf dieser globalen Entwicklungsstrategie wird noch einmal in der folgenden Abbildung dargestellt. In dieser wird deutlich, welche globale Marktmacht sich Netflix bis 2016 erarbeiten möchte.

Neben der Expansion nach Deutschland in 2014 expandierte Netflix auch in die meisten anderen Teile Europas: nach Skandinavien, Frankreich, Großbritannien, Irland, Belgien, Niederlande, Luxemburg, Österreich und in die Schweiz.

194 Vgl. Digital TV Research (2014), o.S.
195 Vgl. Digital TV Research (2014), o.S.

Abbildung 25: Globale Ambition Netflix. [196]

Für 2015 sind weitere Expansionen nach Spanien, Portugal, Polen, Italien, Island, Japan, Australien, Tasmanien und Neuseeland geplant.

Bis 2016 und darüber hinaus sollen weitere Länder wie die Türkei, Syrien, der Irak und Iran, Jordanien, Israel, Zypern, Saudi-Arabien zusammen mit dem Jemen und Oman, Russland, China, Burma, Thailand, Vietnam, Kambodscha, Indonesien, Papua-Neuguinea, die Philippinen sowie der komplette Kontinent Afrika inklusive Madagaskar erschlossen werden.

5. 5 Konkurrenz und Abgrenzung von der Konkurrenz

Im Zuge der Digitalisierung und der vorschreitenden Konvergenz ist es immer mehr Wettbewerbern möglich, die unterschiedlichen Märkte zu penetrieren. Im Markt der Online-Streaming-Anbieter können diese nicht nur im direkten Umfeld, sondern auch entlang der gesamten Verwertungskette gefunden werden. In den USA ist Netflix unangefochten an der Spitze dieses Geschäfts. In Deutschland hingegen trifft das kalifornische Unternehmen auf mehrere etablierte Rivalen. [197]

In diesem Abschnitt werden zunächst die Wettbewerber von Netflix kategorisiert, um dann die konkreten Wettbewerber im deutschen Markt he-

196 Eigene Darstellung, Inhalt in Anlehnung an Chip (2015); Weigert (2015) & Heyman (2015).

197 Vgl. Stern.de (2014), o.S.

rauszustellen. Danach wird durch die Anwendung der sogenannten Blue-Ocean-Methode evaluiert, ob und bis zu welchem Grad Netflix es schafft, sich in diesem hart umkämpften Markt hervorzuheben.

Zuvor soll aber der Begriff »Konkurrenz« und »Konkurrenzanalyse« in einen theoretischen Rahmen gebracht werden:

> Konkurrenz, im wirtschaftlichen Sinne, kann als »die Gesamtheit aller Anbieter auf dem Absatzmarkt«[198] definiert werden. Dabei kann »Konkurrenz (...) zunächst mit Wettbewerb gleichgesetzt werden. Andererseits versteht man unter Konkurrenz die Gesamtheit der Mitanbieter auf den Absatzmärkten (Absatzkonkurrenten) bzw. die Mitnachfrager auf den Beschaffungsmärkten (Beschaffungskonkurrenten). «[199]

Eine Konkurrenzanalyse bzw. Wettbewerbsanalyse wird nach Wübbenhorst wie folgt definiert:

> Eine Konkurrenzanalyse umfasst »die Ermittlung der Anbieter einer Ware auf dem Absatzmarkt (Mitbewerber) sowie die Analyse ihrer Struktur und ihrer Maßnahmen; bes. wichtig sind hier der Marktführer und seine Erfolgsfaktoren; die Ermittlung der Ersatzartikel der eigenen Ware (Substitutionsprodukte, Surrogatkonkurrenz), die Ermittlung der bedürfnisfremden (oder entfernt verwandten) Anbieter (vertikale Konkurrenz). «[200]

Ziele einer solchen Konkurrenzanalyse sollen es nach Wübbenhorst sein, »langfristige Entscheidungen [zu] ermöglichen (Investitionspolitik), indem sie mögliche Positionierungen im Wettbewerbsumfeld aufzeigt; durch Beobachtung der Verschiebungen und Veränderungen in der Konkurrenzlage kurzfristige Dispositionen [zu] erleichtern; Möglichkeiten zur Kooperation mit Mitbewerbern auf[zu]zeigen«. [201]

Die weltweite Konkurrenz von Netflix breitet sich über verschiedene Bereiche aus. Seinen eigenen Angaben zufolge konkurriert es nicht nur mit anderen Online-Streaming-Anbietern, sondern auch mit Inhalte-Produzenten, linearen TV-Netzwerken, Pay-per-View-Inhalten, DVDs, anderen Online-Netzwerken, Videospielen, Zeitschriften, Filmpiraterie und vielem mehr. [202] So gliedert Netflix seine Konkurrenz in zwei Gruppen: »Competitors-for-time« und »Competitors-for-content«. Zu den »Competitors-for-content«, also Wettbewerber, mit denen Netflix in Konkurrenz um die bes-

---

198 Weis (2013), o.S.
199 Wirtschaftslexikon24.de (2014), o.S.
200 Wübbenhorst (2014), o.S.
201 Ebenda.
202 Vgl. Netflix (2013), S. 2.

ten Inhalte steht, gehören zum Beispiel Konzerne wie das US-Netzwerk HBO, das ebenfalls Inhalte produziert und über ein eigenes Netzwerk verbreitet. »Competitors-for-time« sind all jene Konkurrenten, mit denen Netflix um die Seh-Zeit und die Ausgaben für Inhalte seitens der Nutzer konkurriert. [203] Im deutschen Markt ist zurzeit eher die letztere Wettbewerber-Kategorie von Bedeutung, da sich deutsche und amerikanische Inhalte-Produzenten aufgrund verschiedener Komponenten, wie zum Beispiel kulturelle Aspekte, kaum bis gar nicht kannibalisieren.

Zu den »Competitors-for-time« im deutschen Markt können also zunächst alle Unternehmen entlang der Verwertungskette gezählt werden. Da bei einem Markteintritt zunächst einmal alle Unternehmen im direkten Umfeld und mit ähnlicher Zielgruppe betrachtet werden müssen, werden im Folgenden nur die Unternehmen berücksichtigt, die sich ebenfalls im Bereich des Online-Streamings (sowohl TVoD als auch SVoD) befinden.

Mit welchen Marktteilnehmern sich Netflix zurzeit in Deutschland konfrontiert sieht, ist Tabelle 2 in Kapitel 4 zu entnehmen. Um einen klaren Überblick zu bekommen, wird sich ab jetzt nur auf die drei umsatzstärksten Unternehmen im ersten Halbjahr 2014 bezogen: maxdome, iTunes und Amazon Prime. [204]

Die Evaluation, ob und inwiefern sich Netflix von seiner Konkurrenz abhebt, soll anhand der Blue-Ocean-Analyse erfolgen. Der Kern dieser strategischen Vorgehensweise ist es, sich nicht in den direkten Wettbewerb, in den sogenannten blutigen »Red Ocean« zu stellen, sondern einen neuen »Blue Ocean«, also einen Markt mit weniger bis gar keiner Konkurrenz zu suchen, um profitabler zu agieren. [205] Um zu entscheiden, ob ein Unternehmen es geschafft hat, sich in einem solchen Markt zu etablieren, müssen sieben Hauptfaktoren festgelegt werden, anhand derer die die einzelnen Unternehmen gemessen bzw. verglichen werden können. [206] Die für den Markt der Online-Streaming-Anbieter definierten Faktoren sind:

- Preis
- Quantität (Anzahl der verfügbaren Titel)
- Vielfalt der Genres
- Qualität (Verfügbarkeit in HD)
- Personalisierbarkeit

203 Vgl. Netflix (2014 a), S. 4.
204 Vgl. Focus (2014), S. 136.
205 Vgl. Chan Kim & Mauborgne (2005), S. 16ff.
206 Vgl. ebenda, S. 22ff.

- Exklusivität der Inhalte
- Bedienbarkeit (z. B. die Verfügbarkeit über verschiedene Endgeräte oder die Möglichkeit, sich zwischen SVoD und TVoD zu entscheiden.)[207]

Diese Faktoren müssen dann in einem nächsten Schritt in eine Matrix integriert werden, in der sie mit den Kategorien »hoch« bis »niedrig« bewertet werden. [208]

Durch das sogenannte Vier-Aktionen-Format können die dann eingetragenen Werte so verändert werden, dass eine neue Wertekurve erzeugt wird. Die dabei zu betrachtenden Aktionen sind Eliminierung, Steigerung, Reduzierung und Kreierung. Wie das im Fallbeispiel Netflix aussehen könnte, wird erst im nächsten Schritt erläutert. [209]

Zunächst soll gezeigt werden, wie eine solche Matrix im Falle von Netflix und den drei umsatzstärksten Mitbewerbern aussieht. Die folgende Grafik zeigt die vier Wertekurven der untersuchten Unternehmen gewichtet nach der Höhe der zuvor definierten Faktoren.

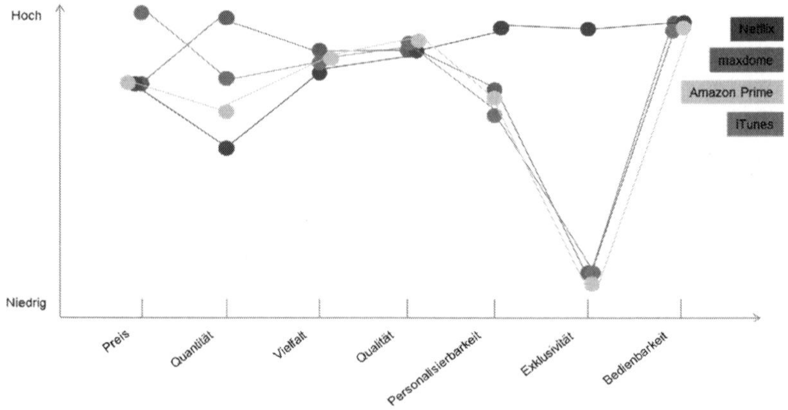

Abbildung 26: Blue-Ocean-Wertekurve. [210]

---

207 Annahme der Autorin auf Basis der unterss. Angebote der jeweiligen Unternehmen.
208 Vgl. Chan Kim & Mauborgne (2005), S. 22ff.
209 Vgl. ebenda, S. 32 f.
210 Eigene Darstellung.

Diese Kurve zeigt deutlich, dass Netflix es noch nicht geschafft hat, sich deutlich von seinen Hauptkonkurrenten abzuheben und so einen »Blue Ocean« für sich zu eröffnen. In Bezug auf Preis, Qualität und Bedienbarkeit ähneln sich alle Unternehmen sehr. In der Quantität variieren die Werte leicht: maxdome bietet zurzeit das breiteste Angebot von allen Marktteilnehmern, Netflix hingegen das kleinste.

Netflix schafft es nur, sich in zwei entscheidenden Punkten abzuheben: Personalisierbarkeit und Exklusivität der Inhalte durch eigene Produktionen. Diese beiden Komponenten stachen schon bei der Beschreibung des Konzeptes hervor.

Der Theorie zufolge gibt es drei Kennzeichen, die eine gute Strategie gegenüber dem Wettbewerbsumfeld ausmachen: Fokus, ein überzeugender Slogan und Divergenz. [211]

Ein klarer Fokus wird bereits anhand des Fallbeispiels Netflix erkennbar: Personalisierbarkeit und Exklusivität. Daraus ergibt sich ein strategisches Profil, das weiter verfolgt werden sollte. Dieser Fokus deckt sich nicht mit dem selbst definierten Fokus aus den Statuten von Netflix. Hiernach liegt der Fokus des Unternehmens auf werbefreier, unbegrenzter Mediennutzung auf unterschiedlichen Endgeräten. [212] Dieser Fokus wiederum spiegelt sich auch in den aktuellen Slogans der deutschen Werbekampagne von Netflix wider (siehe Kapitel 5. 3. 1). Alle diese Slogans zielen zwar auf die Vorteile eines VoD- bzw. Streaming-Anbieters ab, stellen jedoch nicht den aus der Blue-Ocean-Analyse definierten Fokus in den Vordergrund und stellen somit auch nicht den exklusiven USP von Netflix gegenüber der Konkurrenz dar.

In Bezug zur Divergenz zeigen sich des Weiteren auch noch Mängel. In fünf der sieben Faktoren unterscheidet sich Netflix kaum bis gar nicht von den Wettbewerbern. Um die Divergenz zum Wettbewerbsumfeld also noch weiter auszubauen, kann man das zuvor beschriebene Vier-Aktions-Format anwenden. Die folgende Auflistung zeigt beispielhaft Möglichkeiten, die Netflix in Betracht ziehen könnte. Dabei ist zu beachten, dass alle Möglichkeiten gegeneinander abgewogen werden und im Einklang zueinander stehen müssen.

- Eliminierung: keine SD-Formate mehr anbieten, um die durchschnittliche Qualität zu erhöhen

211 Vgl. Chan Kim & Mauborgne (2005), S. 35ff.
212 Vgl. Netflix (2014 a), S. 2.

- Steigerung: mehr Filme anbieten, eine größerer Vielfalt an Genres anbieten
- Reduzierung: die Preise senken, weniger Genres anbieten und dadurch spezifischer werden
- Kreierung: neben SVoD auch TVoD-Angebote ermöglichen

Auf Basis dieser kurzen Wettbewerbsanalyse ergeben sich auch einige Risikofaktoren. Diese werden im folgenden Abschnitt behandelt.

5. 6 Risikoanalyse

Im stark umstrittenen Markt der VoD-Anbieter sehen sich Unternehmen einigen Risiken gegenüber, die im schlimmsten Fall zur Insolvenz führen könnten. Netflix hat alle möglichen Risiken im Jahresbericht veröffentlicht, um allen Stakeholdern des Unternehmens einen möglichst transparenten Überblick über das wirtschaftliche Umfeld des Unternehmens zu geben.

Um eine ungefähre Einschätzung geben zu können, in welchem Risikoumfeld sich Netflix befindet, wurden im Folgenden anhand einer Risikoanalyse sechs relevante Risiken gesondert betrachtet und innerhalb einer Matrix in ein Verhältnis zwischen dem möglichen Schadensausmaß und dessen Eintrittswahrscheinlichkeit gesetzt.

Dabei sind beide Achsen der Matrix in unterschiedliche Kategorien unterteilt: Das Schadenausmaß reicht von »unbedeutend« bis »katastrophal« und die Eintrittswahrscheinlichkeit von »sehr unwahrscheinlich« bis »sehr wahrscheinlich«. Durch die Positionierung der Risiken innerhalb dieser Dimensionen ergeben sich vier Risikostufen, die Auskunft über die tatsächliche Gefährdung für das Unternehmen geben.

Dabei kann die Risikoanalyse wie folgt definiert werden:

> »Die Risikoanalyse ist der Prozess, um Gefährdungen und deren Ursachen zu erkennen sowie deren Risiken qualitativ und quantitativ zu erfassen. «[213]

Die für die Analyse zu berücksichtigenden Faktoren können wie folgt beschrieben werden:

Es können keine neuen Mitglieder mehr geworben werden oder bereits etablierte Mitglieder verlassen Netflix

---

213 Wirtschaftslexikon24.de (2014 b), o.S.

Obwohl Netflix in den vergangenen Jahren ein immenses Mitgliederwachstum zu verbuchen hatte, besteht das Risiko, dass dieses Wachstum abricht. Die Eintrittswahrscheinlichkeit dieses Risikos ist als relativ hoch zu betrachten, da ab dem Erreichen einer gewissen Mitgliederschwelle nur noch ein geringes Wachstum gegeben ist. Das Schadensausmaß ist demnach als unbedeutend zu bewerten.

Daher sollte bei diesem Risikofaktor das Augenmerk eher auf die mögliche Fluktuation bestehender Mitglieder gelegt werden. Hierbei ist die Eintrittswahrscheinlichkeit nur dann als katastrophal zu betrachten, wenn Netflix aufhört, exklusiven und individuell gestaltbaren Content zu liefern und somit seine größten USPs aufgeben würde. [214] Da diese Möglichkeit vom jetzigen Standpunkt her nicht denkbar ist, kann die Eintrittswahrscheinlichkeit als gering eingestuft werden. Das damit verbundene Schadensausmaß wäre im Eintrittsfall allerdings als hoch einzustufen, da ein Mitgliederwegfall auch gleichzeitig einen finanziellen Verlust bedeutet. Aus diesem Grund ist dieser Risikofaktor mit den Stufen 2-3 zu bewerten.

1. Es kann sich nicht gegen die Konkurrenz durchgesetzt werden:

Die starken Wettbewerbsstrukturen, in denen sich Netflix bewegt, bergen immer das Potenzial, dass man sich nicht gegen die Hauptkonkurrenten durchsetzen kann. Im Fall des Markteintritts von Netflix in Deutschland ist es vor allem schwierig, mit länger etablierten Unternehmen zu konkurrieren.

Aber auch dieses Risiko kann durch die USPs sowie die starke Markenbekanntheit gemindert werden. [215] Die Eintrittswahrscheinlichkeit ist also eher mittig auf der Achse anzusehen, wohingegen das Schadensausmaß verheerend wäre, da der Eintritt dieses Risikos ebenfalls einen Austritt aus dem Markt bedeuten würde. Aus diesem Grund ist dieses Risiko mit der höchsten Risikostufe zu bewerten.

2. Langfristige Kosten mindern die Flexibilität des Unternehmens:

Dadurch, dass Netflix neben den Eigenproduktionen auch auf externe Inhalte angewiesen ist, fallen hohe und vor allem langfristige Fixkosten an, die die Flexibilität des Unternehmens lähmen. Der Erwerb von Verwertungsrechten ist meistens mit Lizenzen verbunden, die sich über mehrere Jahre hinaus strecken. Da ein Zukauf von externen Inhalten aber nicht vermeidbar ist, wenn weiterhin eine große Bandbreite an Inhalten angeboten

214 Vgl. Netflix (2013), S. 4.

215 Vgl. ebenda.

werden soll, ist die Eintrittswahrscheinlichkeit als »sehr wahrscheinlich« einzustufen. Das Schadensausmaß ist dabei als eher gering einzustufen, da eine geringe Flexibilität das Unternehmen zwar hemmt, bei einer globalen Größe, wie sie Netflix bereits erreicht hat, aber nur bedingt spürbar ist. [216] Dieser Risikofaktor befindet sich somit auf der zweiten Stufe der Risikoeinordnung.

3. Abhängig von großen Studios und anderen Inhalte-Anbietern:

Um die Nutzer mit einer ausreichenden Vielfalt an Inhalten zu versorgen, ist Netflix stark von den großen US-Studios oder anderen Inhalte-Anbietern abhängig. Wenn diese Unternehmen Netflix gar keine Inhalte mehr oder nur Inhalte unter Konditionen, die nicht im Sinne des Unternehmens sind, anbieten, birgt das eine große Gefahr für Bandbreite des Angebots. Da Netflix zurzeit eines der gefragtesten Online-Portale weltweit ist, kann man davon ausgehen, dass zumindest in naher Zukunft die Eintrittswahrscheinlichkeit sehr gering ist. Das Schadensausmaß hingegen wäre katastrophal in Anbetracht der Tatsache, dass Netflix dann nur noch seine eigenen Produktionen anbieten könnte. [217] Daher kann dieses Risiko mit der Stufe 2 bewertet werden.

4. Erheblicher Eingriff in die technischen Systeme durch illegale Tätigkeiten Externer:

Wie für die meisten internetbasierten Firmen sind auch für Netflix die Grundlage des Alltagsgeschäftes die technischen Systeme. Diese sind für Hacker oder Viren besonders anfällig und müssen dementsprechend aufwendig geschützt werden. Netflix hat sich durch diverse Systeme und Programme gegen Übergriffe solcher Art geschützt, ist jedoch nicht gegen dadurch entstehende Verluste versichert. [218] Die Eintrittswahrscheinlichkeit ist also nur bedingt wahrscheinlich, würde aber ein sehr hohes Schadensausmaß mit sich bringen. Der Risikofaktor ist also als sehr hoch und somit mit der vierten Stufe zu bewerten.

5. Veröffentlichung von Nutzerdaten:

Mit dem zuvor genannten Risiko eines Hackerangriffs oder eines Virus besteht auch gleichzeitig das Risiko der Veröffentlichung von Nutzerdaten. Dabei sind neben den persönlichen Daten von allem auch die Bankdaten der Nutzer zu inkludieren. Die illegale Veröffentlichung dieser Daten könnte langfristig Image- und Reputationsschäden für das Unternehmen

216 Vgl. Netflix (2013), S. 5.
217 Vgl. ebenda, S. 6.
218 Vgl. Netflix (2013), S. 7.

bedeuten und dadurch bedingt Verluste in Bezug zu Nutzerzahlen mit sich bringen. [219] Durch die schützenden Sicherheitssysteme kann die Eintrittswahrscheinlichkeit auch hier nur als bedingt wahrscheinlich eingestuft werden, aber dafür wäre das Schadensausmaß umso katastrophaler. Auch hier wird das Risiko mit der vierten Stufe bewertet.

Die folgende Grafik zeigt die zuvor beschriebenen Risikofaktoren in dem Verhältnis zwischen dem größtmöglichen Schadensausmaß und dessen Eintrittswahrscheinlichkeit gesetzt. So werden auch noch einmal die zugewiesenen Risikostufen deutlich.

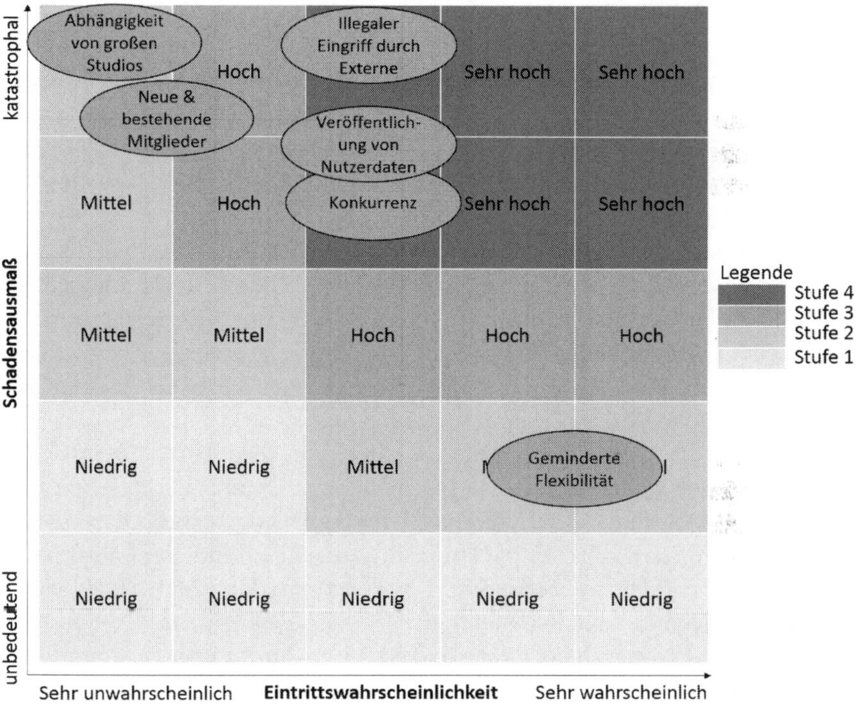

Abbildung 27: Risikomatrix Netflix. [220]

219 Vgl. ebenda, S. 10.
220 Eigene Darstellung.

5. 7 Zusammenfassung: Auswirkungen des Markteintritts für die Filmdistribution

Durch den Markteintritt von Netflix in den deutschen Markt müssen auch die Akteure der Filmdistribution umdenken, wenn es um die Verteilung der Verwertungsrechte und vor allem um die Verteilung der Exklusivrechte geht. Der aus dem englisch stammende Leitsatz »The good old days are over…« macht an dieser Stelle deutlich was in den Köpfen der betroffenen Akteure schon länger gilt: die alten Distributionsstrategien können nicht mehr wie gewohnt realisiert werden – eine neue Beziehung zwischen Inhalte-Anbieter und -Verwerter muss ins Leben gerufen werden.

Tenor dieser neuen Beziehung muss sein: geringere Quantität und weniger Inhalte aus dem Archiv, dafür eine qualitativ hochwertigere Produkte und exklusivere Verwertungsfenster. So könnte Netflix anstreben, im zweiten Pay-TV Fenster angesiedelt zu sein und sich somit immer näher an die bisher unantastbaren Exklusivrechte der Premium-Pay-TV-Fenster heranzutasten.

Des Weiteren werden Filme zwar nach wie vor als Lockvögel für den SVoD-Bereich gesehen, die wahren Helden sollten jedoch sogenannte »TV Series Boxsets« sein. Hierbei handelt es sich um die zuvor schon angesprochene Möglichkeit, alle Folgen einer Serie gleichzeitig bzw. direkt hintereinander zu schauen, ohne dass eine künstliche Pause zwischen den Folgen eingelegt wird. [221]

Auch die direkten Konkurrenten werden von diesem Markteintritt in einem gewissen Maße beeinflusst. Dazu zählen, wie oben beschrieben, vor allem die großen digitalen TV-Anbieter im deutschen Markt. Diese haben kurz vor dem Start von Netflix einige Anpassungen und Neuerungen ins Leben gerufen: Die ProSiebenSat. 1-Tochter maxdome hat das gesamte Portfolio erneuert, Amazon bietet neuerdings auch eigene TV-Set-Top-Box an und Sky Snap hat seinen monatlichen Abo-Preis auf magere 3,99 Euro gesenkt. [222]

Diese neuen Formen der Distribution führen dazu, dass sich die Strategien verändern müssen. Wie und in welchem Ausmaß das passieren könnte, wird im nachfolgenden Kapitel anhand von relevanten Experteninterviews analysiert.

---

221 Vgl. Kühl (2014), o.S.
222 Vgl. Winterbauer (2014), o.S.

6. Empirische Erhebung

In den folgenden Kapiteln wird auf Basis des vorangegangenen theoretischen Teils die empirische Erhebung dieser Thesis beschrieben. Hierzu werden zwei übergeordnete Kapitel angeführt: Methodik und Ergebnisse, Analyse und Interpretation.

Dazu wird zunächst die dieser Arbeit zugrundeliegende Methodik angeführt und die Stichprobe sowie der Zugang zum Forschungsfeld beschrieben. Nach der Darstellung der Forschungsfrage wird konkret auf die Datenerhebung, die Datenaufbereitung und auf die empirische Methodik der Datenauswertung eingegangen. Im Anschluss daran werden die Ergebnisse differenziert beschrieben und analysiert.

6. 1 Methodik

Dieser Abschnitt dient dazu, das methodische Vorgehen, die Stichprobe sowie den Zugang zum Feld, die Datenerhebung, die Datenauswertung, die zu berücksichtigenden ethischen Aspekte und die Qualitätssicherung in Kombination mit einer Selbstreflexion näher zu erläutern.

6. 1. 1 Methodisches Vorgehen

Um die individuellen Sichtweisen und Meinungen von branchenaffinen Experten genau erfassen zu können, wird die Methode des qualitativen Tiefeninterviews derjenigen der Beobachtung vorgezogen. Qualitative Interviews bieten im Vergleich zu quantitativen Interviews die Möglichkeit, offen nach spezifischen Meinungen, Motiven oder Situationsdeutungen zu fragen. Des Weiteren bieten sie die Chance, Alltagstheorien und Selbstinterpretationen zu erheben, die dann detaillierter differenziert werden können. [223]

---

223 Vgl. Hopf (2013), S. 324.

Anhand eines Leitfadens[224] werden fünf vorab ausgewählte Experten der deutschen Medienwirtschaft circa 10 bis 20 Minuten unabhängig voneinander befragt. Durch situationsbedingte Zusatzfragen können eventuelle unbewusste Sachverhalte aufgedeckt und zentrale Punkte vertieft werden. Der Interviewleitfaden umfasst sieben Fragen. Die gegebenen Antworten werden mithilfe eines Tonbandes aufgezeichnet, um so eine Basis für die spätere Transkription als qualitative Auswertungsmethode zu bilden.

Das Interview wird mit einer Erzählaufforderung gestartet, um so eine Mischform zwischen einem halbstrukturierten und einem narrativen Interview zu erhalten.

> »Narrative Interviews vereinbaren ein hohes Maß an Offenheit und Nicht-Direktivität mit einem hohen Niveau der Konkretion und der Erfassung detaillierter Informationen und sind dadurch anderen Interview-Varianten überlegen. «[225]

Das Basiselement eines narrativen Interviews ist die Tatsache, dass die Befragten Erinnerungen oder Gedanken preisgeben, die sie in einer direkten Frage nicht äußern würden oder könnten. [226] Die Interviewten werden aufgefordert, so detailliert wie möglich über die aktuelle Situation der TV-Landschaft in Deutschland zu erzählen. Die Erzählaufforderung wird so formuliert, dass ein Zugang zu den individuellen Erfahrungswelten und Bedeutungsstrukturen der Befragten möglich ist. Zudem sollen subjektive Erfahrungen widergespiegelt und emotional auf das Thema eingestimmt werden.

Der zweite Teil des Interviews basiert dann auf der Methode des halbstandardisierten Interviews. Hierdurch soll ein umfangreicher Informationszugang gewährleistet werden, der unter anderem die Basis für spätere Handlungsempfehlungen bildet.

6. 1. 2 Stichprobe und Zugang zum Feld

Da die Forschungsfrage gezielt auf die Meinung von brancheninternen Experten abzielt, wurden nur Personen gefragt, die aktuell oder in der jünge-

---

224 Vgl. Anhang A.1.
225 Hopf (2013), S. 351.
226 Vgl. Hopf (2013), S. 355 ff.

ren Vergangenheit in einem relevanten Bereich der TV- und Medienwelt beschäftigt sind. Die bewusste Auswahl von fünf Experten der Medienwirtschaft Deutschlands bildet die Basis für die Stichproben-ziehung.

Die konkreten beruflichen Bereiche der Experten sind:

- Digitaler Medienbereich mit dem Fokus auf neuartige Geschäftsmodelle[227]
- Cloudbasiertes Fernsehgeschäft[228]
- Digitaler Vertrieb von Fernsehlizenzen[229]
- Filmproduktion/beratende Filmproduzentin[230]
- Distribution von Fernsehlizenzen[231]

Die befragten Experten wurden dabei unabhängig von ihrem Alter, der Herkunft und dem Bildungsweg ausgewählt. Diese soziodemografischen Daten sind für diese Forschungsfrage nicht relevant.

Durch die bisherige Erfahrung und Präsenz in der Medienlandschaft Deutschlands der Verfasserin dieser Arbeit ist der Zugang zum Feld als unproblematisch zu beschreiben. Die Verfasserin nimmt im Feld ausschließlich die Rolle des Interviewers ein, die über den gesamten Datenerhebungsprozess hinweg auch beibehalten wird.

6. 1. 3 Forschungsfrage

Die zu Anfang beschriebene Forschungsfrage, die auf Basis der erklärten Zielsetzung formuliert wurde, lautet:

»Welche Strategien und Handlungsempfehlungen lassen sich für die Akteure der Filmdistribution im digitalen Wandel ableiten?«

Mithilfe dieser empirischen Erhebung soll die Forschungsfrage beantwortet werden und somit Aufschluss über mögliche Entwicklungen und strategische Umstrukturierungen geben.

---

227 Vgl. Anhang A.2.1, Z. 8-10.
228 Vgl. Anhang A.2.2, Z. 7-8.
229 Vgl. Anhang A.2.3, Z. 5.
230 Vgl. Anhang A.2.4, Z. 4-5.
231 Vgl. Anhang A.2.5, Z. 4-5.

6. 1. 4 Datenerhebung

Nach der Auswahl der Personen und der Bestätigung der Teilnahme ihrerseits wurden sie durch ein Telefonat über den genauen Ablauf des Interviews informiert.

Die Interviews wurden dann in den Kalenderwochen 1, 2 und 3 im Jahr 2015 unabhängig voneinander persönlich oder telefonisch durchgeführt. Bei der Durchführung wurde darauf geachtet, dass die Interviewten sich in einer für sie vertrauten Umgebung befanden. Um die Anonymität der Teilnehmer zu wahren, wurden die aufgenommenen Audiodateien unter der Verschlüsselung der Namen auf einer externen, nur der Verfasserin dieser Thesis zugänglichen Festplatte abgespeichert.

Die Dauer der Interviews betrug zwischen 10 und 20 Minuten. Zu Beginn wurde der Interviewte aufgefordert, über die jeweilige persönliche berufliche Situation Auskunft zu geben. So konnte gleich zu Anfang ein vertrautes Umfeld geschaffen werden, bevor das eigentliche Thema bearbeitet wird.

Der danach folgende thematische Aufbau des Interviewleitfadens basiert auf den gesetzten Schwerpunkten dieser Arbeit.

Bevor gezielt nach dem Markteintritt von Netflix gefragt wurde, wurde um eine Einschätzung hinsichtlich der aktuellen Marktsituation des TV-Marktes in Deutschland gebeten. Danach wurde konkret nach Meinungen und Einschätzungen bezüglich unterschiedlicher Expertenmeinungen und Statistiken gefragt, um dann nach zukunftsorientierten Auswirkungen zu fragen. Entlang der generellen Fragen wurde auch immer wieder der Fokus auf die Filmdistributoren gelegt. So wurde nach expliziten Auswirkungen auf den Distributionsmarkt, nach strategischen Entwicklungen oder Änderungen sowie nach konkreten Chancen und Risiken gefragt.

Dabei wurde darauf geachtet, dass die Interviewteilnehmer in ihrem Erzählfluss nicht unterbrochen wurden. Die weiteren Fragen sind gemäß der Reihenfolge des Interviewleitfadens gestellt worden (siehe Anhang A. 1).

Das Interview wurde erst dann beendet, wenn beide am Interview beteiligten Personen das Gefühl hatten, zu keinen neuen Erkenntnissen mehr zu gelangen.

6. 1. 5 Datenaufbereitung mittels Transkription

Die Aufbereitung der Daten der geführten Interviews erfolgt mithilfe einer wörtlichen Transkription.

> »Transkription bedeutet das Übertragen einer Audio- oder Videoaufnahme in eine schriftliche Form. Ein Transkript entsteht immer durch das schlichte Abtippen des Aufgenommenen von Hand. «[232]

Daraus lässt sich schließen, dass Transkripte zur Verschriftlichung von wissenschaftlichen Analysen dienen. [233] Die Herstellung von Transkripten ist zwar aufwendig, jedoch für eine adäquate empirische Arbeit mit Interview unumgänglich und somit im höchsten Maße sinnvoll.

Die wörtliche Transkription ermöglicht so die ganzheitliche Texterfassung des verbalen Materials, welche dann als Grundlage für die interpretative Auswertung dient. [234] In der vorliegenden Forschungsarbeit wurden die jeweiligen Interviews auf Tonband aufgenommen, um eine genaue Transkription zu gewährleisten. Die Erstellung der Transkripte erfolgte dann anhand der sogenannten »Zeilenschreibweise«. [235]

Die verwendeten Zitate innerhalb der Ergebnisdarstellung (siehe Kapitel 6. 2. 1) werden mit Zeilennummern angegeben, welche sich in den Zeilennummern der Transkripte wiederfinden. Das Gesagte der Interviewpartner wurde 1 zu 1 vom Tonband übernommen. Lediglich Äußerungen in einem Dialekt wurden in Hochdeutsch umgeschrieben. Des Weiteren wurden Floskeln wie z. B. »Ähm«, »Äh« oder »Mh« sowie Sprechpausen übernommen, darauf ruht allerdings im Verlauf der Auswertung kein Augenmerk, da der Fokus auf den inhaltlichen Informationen liegt. Nonverbale Kommunikationselemente wie Schweigen oder Nachdenken werden mit (…) gekennzeichnet. Die Transkripte sind dem Anhang dieser Arbeit beigefügt (siehe Anhang A. 2).

232 Dresing & Pehl (2013) S. 17.
233 Vgl. Kowal & O'Conelli (2013) o.S.
234 Vgl. Mayring (2007), o.S.
235 Vgl. Kowal & O'Conelli (2013), S. 441.

6. 1. 6 Ethische Aspekte und Qualitätssicherung

Um die ethischen Prinzipien zu wahren, wird während des gesamten Datenerhebungs- und Auswertungsprozesses auf die Privatsphäre, Anonymität und Sicherheit der Forschungsteilnehmer geachtet. Die Interviewpartner werden mündlich oder schriftlich über die bevorstehende Befragung informiert und haben der Teilnahme freiwillig zugestimmt. Die Privatsphäre und Anonymität wird insofern gesichert, als die Person frei über den Ort des Interviews entscheiden kann. Zudem geben wir den Personen die Möglichkeit, die Namen zu anonymisieren und versichern des Weiteren einen vertraulichen Umgang mit den erhobenen Daten.

Aufgrund der Vielschichtigkeit der qualitativen Forschung müssen andere Qualitätskriterien wie die Objektivität, Validität und Reliabilität ebenfalls beachtet werden. Diese werden im Folgenden nach Lincoln & Guba definiert. Gleichzeitig wird aufgezeigt, inwiefern diese in der vorliegenden Arbeit angewandt werden.

Insgesamt schlagen Lincoln & Guba vier zu berücksichtigende Kategorien vor: Glaubwürdigkeit, Übertragbarkeit, Verlässlichkeit und Bestätigbarkeit. [236]

Die Kategorie »Glaubwürdigkeit« beinhaltet die Bewertung und die Verbesserung einer Studie. Um diese zu unterstützen, können nach Lincoln & Guba verschiedene Maßnahmen unternommen werden: Triangulation (die Anwendung mehrerer Methoden), Peer Debriefing (eine Arbeitsgruppe begutachtet die Ergebnisse kritisch und diskutiert sie) und Member Checks (Feedback-Validierung). [237]

In dieser Thesis wird die Maßnahme der »Triangulation« angewandt. Darunter fällt unter anderem die Berücksichtigung multipler Quellen, die durch mehrere Interviewpartner mit unterschiedlichen arbeitstechnischen Hintergründen realisiert wird. Des Weiteren besteht der Interviewleitfaden aus zwei Methoden qualitativer Befragungen: Der erste, narrative Teil enthält eine Erzählaufforderung, die den Teilnehmern einen Zugang zum Thema gewährleisten soll. Der zweite Teil basiert auf der Methode des halbstandardisierten Interviews und soll so für einen umfangreichen Informationszugang sorgen.

---

236 Vgl. Lincoln & Guba (1985), S. 84ff.
237 Vgl. ebenda.

Die zweite Kategorie, die Übertragbarkeit, zielt darauf ab, die Ergebnisse in anderen Kontexten abzubilden. [238] Um diese ebenfalls in die empirische Erhebung zu inkludieren, wurde darauf geachtet, dass Ort, Zeit und Rahmenbedingungen detailliert und transparent beschrieben wurden, um ausreichend Informationen für die Übertragbarkeit auf andere Kontexte zur Verfügung zu haben. Des Weiteren trägt die gezielte Auswahl der Stichprobe zur Erfüllung dieses Kriteriums bei.

Die Verlässlichkeit bezieht sich auf die Wiedergabe dessen, was sich im jeweiligen Forschungsprozess tatsächlich abgespielt hat. [239] Um diese Kriterium zu erfüllen, wurde bei der Durchführung immer darauf geachtet, dass das Gesagte transparent und lückenlos aufgezeichnet wurde. Die Interviews wurden mithilfe einer Tonaufnahme unter Berücksichtigung von nonverbalen Aspekten sowie Dialekten oder unverständlichen Ausdrücken transkribiert.

Die Bestätigbarkeit, das vierte und letzte Kriterium, begründet die Ableitung der Ergebnisse und der sich daraus schließenden Folgerungen der Daten. [240] Um auch dieses Kriterium zu erfüllen, wurden die Regeln der Transkription strengstens beachtet und die Ergebnisse immer in den Kontext aktueller Studien gebracht.

6. 1. 7 Datenauswertung

Im Folgenden wird die Vorgehensweise der Datenauswertung in Anlehnung an die Grounded Theory beschrieben. Aufgrund ihrer Komplexität wird diese Theorie in dieser Arbeit nicht in ihrer Ursprungsform herangezogen. Bei diesem Vorgehen handelt es sich um eine Anlehnung an diese Theorie, die für die Auswertung der Daten vollzogen wurde.

Die Grounded Theory kann als gegenstandsbegründete oder -verankerte Theorie verstanden werden. Sie ermöglicht es, auf der Grundlage einer empirischen Forschung in einem bestimmten Gegenstandsbereich eine dafür geltende Theorie zu formulieren, die sich aus vernetzten Konzepten zusammensetzt und sich so für eine detaillierte Beschreibung und Erklärung der untersuchten Phänomene eignet. [241]

---

238 Vgl. ebenda.

239 Vgl. Lincoln & Guba (1985), S. 84ff.

240 Vgl. ebenda.

241 Vgl. Böhm (2013), S. 476.

Ziel dieser Methode ist es also, mithilfe der gesammelten qualitativen Informationen rund um die Forschungsfrage ein theoretisches Konzept zu bilden und nicht nur die gewonnenen Informationen zu beschreiben. [242]

> »The grounded theory research process begins with defining the research question and potential early constructs, and then proceeds in sampling. [...] Cases, groups and smaller units of data are sampled for analysis in a theoretical manner, meaning that instead of looking for representativeness, researchers will seek to find variation in key underlying variables and other theoretically interesting characteristics of the units of analysis. «[243]

Im Zuge dieser empirischen Vorgehensweise wird ein Anspruch an Kreativität an die auswertende Person gestellt, da die Grounded Theory eine Kunstlehre darstellt und somit das Vorgehen nicht nach Vorgaben zu erlernen ist. [244]

Die Grounded Theory setzt sich aus verschiedenen Einzeltechniken zusammen, die es ermöglichen, aus Daten in Dokumenten, Interviews, Statistiken und Feldbeobachtungen eine begründete Theorie schrittweise entwickeln zu können. [245] Neben Anwendungsfeldern in der Pädagogik, Soziologie und Psychologie findet die Theorie auch ihren Platz in neuen Gebieten. Diese finden sich u. a. in der Politikforschung, Systemanalyse oder auch in der Modellkonstruktion von Managementaufgaben wieder. [246] Die Basis für das Datenmaterial stellen bspw. transkribierte Interviews und verschriftete Beobachtungen dar. [247] In der vorliegenden Arbeit wird das Datenmaterial ausschließlich aus transkribierten Experteninterviews gewonnen.

Im Folgenden werden nun die drei Phasen zur Entwicklung einer Theorie beschrieben.

Strauss & Corbin benennen die erste Phase der Grounded Theory als »Offenes Codieren«. Dabei werden zu Beginn einzelne Textpassagen ausgewertet und gemäß ihres Sinnes gesondert betrachtet. Das Ergebnis dieser Phase sind Textpassagen, basierend auf Interpretation, welche ein analytisches Denken über die gegenwärtige Fragestellung festhalten.

---

242 Vgl. Dilger (2000), S. 5.
243 Mäkelä & Turcan (2007), S. 124.
244 Vgl. Böhm (2013), S. 476.
245 Vgl. Strauss & Corbin (1996), o.S.
246 Vgl. Strauss & Corbin (1996), o.S.
247 Vgl. Böhm (2013), S. 475ff.

Die zweite Phase gilt dem »Axialen Codieren«. [248] Diese Phase fokussiert sich auf die Bildung von Kategorien. Das übergeordnete Ziel dieser Phase ist es, zentrale Kategorien oder auch Unterkategorien herauszuarbeiten. Um solche Kategorien zu entwickeln, wird eine Vertiefung und Differenzierung der vorher entstandenen Sinnabschnitte vorgenommen. Um daraus dann eine Theorie abzuleiten, wird zwischen den Kategorien ein Beziehungsnetz bzw. Relationen herausgearbeitet. [249]

Die dritte Phase, das »Selektive Codieren«,[250] zielt auf eine »Kernkategorienbildung« ab. Hierbei werden Oberkategorien festgelegt, die durch zwei verschiedene Varianten gewonnen werden können. [251] Variante 1 besagt, dass die Unterkategorie bereits das zentrale Phänomen erfasst und sich somit auch als Kernkategorie anbietet. [252] Die Kernkategorie ist jene Kategorie, die sich durch ihre »(...) vielfältigen Relationen zu allen anderen wichtigen Kategorien (...)«[253] auszeichnet und dadurch einen wesentlichen Platz im Beziehungsgeflecht einnimmt. Bei der zweiten Variante wird ein Hauptmerkmal in den Fokus gestellt, auf das sich mindestens zwei Unterkategorien beziehen. Hierbei muss sich die Forscherin von den bereits entstandenen Unterkategorien lösen, um eine neue, übergeordnete Kategorie zu formulieren. Nachdem die Kernkategorie festgelegt ist, können die anderen Kategorien in Beziehung zu der Kernkategorie gesetzt werden. [254]

> »Je abstrakter die entwickelten Kategorien – insbesondere die Kernkategorie – formuliert sind, desto größer wird der Anwendungsbereich der Theorie. «[255]

248 Vgl. Strauss & Corbin (1996), o.S.
249 Vgl. Böhm (2013), S. 479ff.
250 Vgl. Strauss & Corbin (1996), o.S.
251 Vgl. Böhm (2013), S. 481.
252 Vgl. ebenda.
253 Vgl. Böhm (2013), S. 482.
254 Vgl. Böhm (2013), S. 482.
255 Böhm (2013), S. 483.

6. 1. 8 Praktische Umsetzung der Grounded Theory

Die einzelnen zu berücksichtigenden theoretischen Schritte werden in der Praxis wie folgt angewandt:

Offenes Codieren/Excel-Tabelle: Zunächst müssen die geführten und auf ein Tonband aufgenommenen Interviews transkribiert werden. Je nach Forschungsfrage und Ziel kann der Umfang der Transkription variieren und sollte im besten Falle auch individuell angepasst werden. [256]

Nach der Transkription werden die Fragen mit den jeweiligen Antworten in eine Excel-Tabelle übertragen. Diese soll dabei als Orientierung und Basis für die nächsten Schritte der Auswertung dienen. Dabei werden nicht die Aussagen als Ganzes genommen, sondern hier bereits in Sinnabschnitte unterteilt.

Die Spalten der Tabelle sind nach Aussagen, Namen der Interviewten bzw. den zur Anonymisierungszwecken verwendeten Kunstnamen, Transkript-Seite, Stichwort/Code und Kategorie sortiert. Hierbei wird bewusst die Reihenfolge der Interviewaussagen beibehalten, um eine spätere Beschreibung der Ergebnisse zu erleichtern und ausgewählte Aussagen der Interviewten schneller filtern zu können.

Verteilung der Sinnabschnitte: In einem zweiten Schritt werden alle entwickelten Sinnabschnitte der Antworten beziehungsweise Codes aus der Excel-Liste auf einzelne Blätter geschrieben und großflächig auf dem Boden verteilt. Hierbei ist die Reihenfolge der Aussagen irrelevant, da diese keine Rolle für die nächsten Schritte spielt.

Axiales Codieren/Unterkategorienbildung: Im nächsten Schritt werden ähnliche Sinnabschnitte zusammengefasst, um so einzelne Unterkategorien und Unter-Unterkategorien bilden zu können. Diese stellen dann zusammen die Basis für die Oberkategorien dar, die in dem letzten Schritt erstellt werden. Im Verlauf der Auswertung konnten neun Unterkategorien generiert werden:

1. Eigenschaften TV-Markt Deutschland
2. Nutzungsverhalten in Deutschland
3. Strategien Filmdistributoren
4. Strategien klassische TV-Anbieter
5. Strategien Digitale Anbieter
6. Zukunft klassische TV-Anbieter

---

256 Vgl. Kuckartz 2010, S. 40.

7. Zukunft digitale Anbieter
8. Zukunft Filmdistributoren
9. Fallbeispiel-Analyse

Zusätzlich wurden zwei Unter-Unterkategorien gebildet, die den entsprechenden Unterkategorien (»Zukunft klassische TV-Anbieter«, »Zukunft digitale Anbieter« und »Zukunft Filmdistributoren«) zugeordnet wurden: Chancen & Risiken.

Selektives Codieren/Oberkategorienbildung: Im letzten Schritt werden die aus dem vorherigen Schritt entwickelten Unterkategorien in weitere Oberkategorien zusammengefasst. Durch diese systematische Bildung von Unter- und Oberkategorien bildet sich ein sortiertes Konstrukt aus Aussagen und Sinnabschnitten, aus dem die erforderlichen Ergebnisse abgeleitet werden können. Diese werden dann in einem späteren und separaten Abschnitt dieser Arbeit beschrieben und erläutert (vgl. Kapitel 6. 2 »Ergebnisdarstellung der qualitativen Experteninterviews«).

Folgende Oberkategorien konnten durch das Zusammenfassen der Unterkategorien gebildet werden: Ist-Zustand deutscher TV-Markt, Zukunft deutscher TV-Markt, Strategien & Netflix.

So ergibt sich ein komplexes Konstrukt, aus dem Ergebnisse und mögliche Theorien abgeleitet werden können (siehe Abbildung 28).

Die drei Oberkategorien »Ist-Zustand deutscher TV-Markt«, »Zukunft deutscher TV-Markt« und »Strategien« sind aufeinander aufbauend und bilden so die Grundkette des Auswertungskonstrukts. Die Oberkategorie »Netflix« spiegelt sich in allen Bereichen der übrigen Oberkategorien wider und wird so in einer gesonderten Position entlang der Grundkette dargestellt.

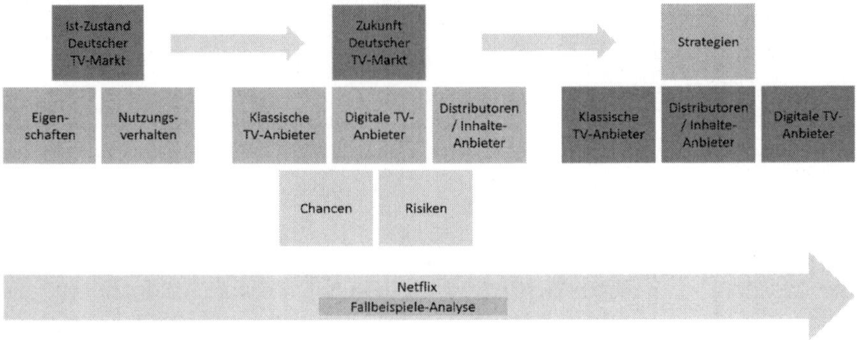

Abbildung 28: Gesamtkonstrukt Auswertung. [257]

6. 2 Ergebnisdarstellung der qualitativen Experteninterviews

In diesem Abschnitt werden nun die jeweiligen Kategorien mithilfe von Originalzitaten der befragten Experten dargestellt. Die dafür verwendeten transkribierten Interviews sind im Anhang A. 2 einzusehen.

Die Abkürzungen »IP« im Zusammenhang mit einer Nummer (IP1 bis IP5) stehen für die fünf Interviewpartner. Dabei ist die Reihenfolge der Nummern unerheblich für die Reihenfolge der durchgeführten Interviews – sie spiegelt lediglich die Abfolge innerhalb des Anhanges wider und dient so zur verbesserten Orientierung.

Die jeweiligen Abbildungen (vgl. Abbildungen 29-30 und 32-33) stellen fragmentiert das zuvor dargestellte Gesamtkonstrukt der Auswertung dar und geben so einen Überblick über die entstandenen Oberkategorien (dunkelblau) mit den dazugehörigen Unterkategorien (blau) und den zwei Unter-Unterkategorien (hellblau).

Entlang des ausgearbeiteten Konstruktes wird mit der Ergebnisdarstellung der Kategorie »Ist-Zustand deutscher TV-Markt« begonnen, die in die beiden Unterkategorien »Eigenschaften« und »Nutzungsverhalten« gegliedert wurde.

257 Eigene Darstellung.

6. 2. 1 Ergebnisdarstellung der Kategorie »Ist-Zustand deutscher TV-Markt«

Als erste übergeordnete Kategorie innerhalb der Auswertung der Experteninterviews wurde die Kategorie »Deutscher TV-Markt« gewählt, die sich wiederum in die beiden Unterkategorien »Eigenschaften« und »Nutzungsverhalten« gliedert (siehe Abbildung 29).

Die Eigenschaften beziehen sich dabei hauptsächlich auf die spezifische Struktur des TV-Marktes in Deutschland, das heißt auf die Verteilung der unterschiedlichen Anbieter im Markt und demnach die Ausrichtung des Marktes in Bezug zur Digitalisierung.

Das Nutzungsverhalten der Hauptzielgruppe des deutschen TV-Marktes ergibt sich dann aus diesen Eigenschaften bzw. steht mit diesen in einer kohärenten Beziehung.

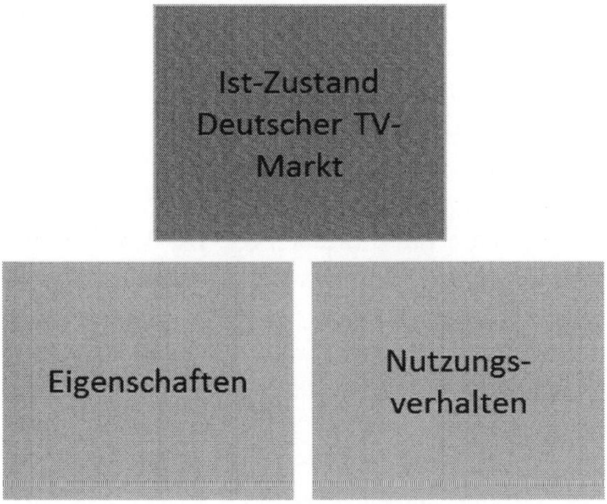

Abbildung 29: Kategorie »Deutscher TV-Markt«. [258]

6. 2. 1. 1 Eigenschaften

Wie in Kapitel 4 anhand der Verwertungskette schon deutlich gemacht wurde, ist der deutsche TV-Markt sehr fragmentiert. Abgesehen von dem Kino- und dem Home-Entertainmentfenster lässt sich der Markt in zwei

258 Eigene Darstellung.

Hauptmärkte gliedern: Pay TV und Free-TV. Eine befragte Expertin unterteilt diese beiden Märkte sogar noch einmal und spricht so von einer Dreiteilung: *»Also... das... ich glaube, das muss man etwas differenzierter betrachten, dahingehend, dass der deutsche TV-Markt für mich eigentlich sogar dreigeteilt ist zwischen öffentlich-rechtlich, Privatsender und Pay-TV-Sendern. Und jeder dieser drei Gebiete doch unterschiedlichen Voraussetzungen ausgesetzt ist. «*[259]

Innerhalb dieser Fragmentierung hat der Free-TV-Markt nach wie vor eine dominierende Rolle: *»Also grundsätzlich ist es einmal so, dass der deutsche Markt ja eine Besonderheit hat durch den hohen Anteil an Free-TV«.* [260] Das belegen auch die aktuellen Marktanteile des deutschen Fernsehmarktes: Das Free-TV nimmt einen unglaublichen Anteil von 97,8 Prozent ein, sodass für den gesamten Bereich des Bezahlfernsehens nur 2,2 Prozent übrig bleiben. [261] Das bedeutet im Umkehrschluss, dass nur 25 Prozent der deutschen Fernsehhaushalte ein Pay-TV-Abonnement abgebschlossen haben. [262] Diese grundsätzlich konservative Einstellung und Struktur[263] hat zur Folge, dass Bezahlangebote nur schwer Fuß fassen können. *»Das haben die Pay-TV-Anbieter auch über viele Jahre hinweg schmerzhaft erfahren müssen, das in Deutschland dieses Geschäftsmodell ‚Pay' im Grunde genommen nicht wirklich gut funktioniert. «*[264]

Genauso schwer haben es folglich auch neue, digitale Angebote, im deutschen Markt gegen die dominante Präsenz der Free-TV-Anbieter anzukommen: *»es gibt ja viele und es gab in der Vergangenheit schon relativ viele Ansätze (...) in diesem Bereich einzusteigen. Denken Sie mal an Watchever, die (...) sich sehr, sehr schwer getan haben (...) im deutschen Markt trotz massivem Mediaaufwand Fuß zu fassen. «*[265] Ähnliches spiegelt sich auch in der folgenden Aussage wider: *»Das heißt der starke Free-TV[-Markt] in Deutschland ist grundsätzlich (...) zu einem gewissen Grad ein Hemmungsschuh für bezahlte Digitalangebote«*[266]

259 IP4, Z. 8-11.
260 IP1, Z. 14-16.
261 Vgl. Huber (2014), o.S.
262 Vgl. IP Network (2014 a), S. 2.
263 Vgl. IP5, Z. 14.
264 IP4, Z. 67-69.
265 IP1, Z. 42-46.
266 IP1, Z. 19-20.

Daraus wird auch deutlich, dass »der deutsche TV-Markt (…) in Bezug auf die Digitalisierung sicherlich noch einer der am langsamsten wachsenden weltweit [ist]. «[267] Das wird besonders im Vergleich mit anderen Märkten deutlich, in denen weniger lineares Fernsehen geschaut wird. In Großbritannien zum Beispiel haben bereits über 50 Prozent der TV-Haushalte ein Pay-TV-Abonnement abgeschlossen. [268] Hier wird schon »viel stärker on-demand oder zeitversetzt«[269] geschaut.

6. 2. 1. 2 Nutzungsverhalten

Fernsehen ist in Deutschland gemäß der aktuellen ARD-ZDF-Onlinestudie nach wie vor das meistgenutzte Medium in Deutschland. So schaut die Gesamtzielgruppe im Durchschnitt 240 Minuten pro Tag. Dem Internet hingegen fallen nur 111 Minuten zu. [270] Betrachtet man jedoch die Digitalisierung der deutschen TV-Haushalte, so verfügen bereits 83,8 Prozent über mindestens ein digitales Gerät zur Fernsehnutzung. Nur 16,2 Prozent verfügen somit ausschließlich über einen analogen Geräteempfang. [271] Die technologische Grundlage für einen digitalen Fortschritt in Bezug zu einer wachsenden »Paid-Content«-Nutzung, wie zum Beispiel durch VoD-Angebote, ist in den deutschen Haushalten also gegeben.

Eine aktuelle Studie des Digitalverbandes Bitkom sagt des Weiteren aus, dass 19 Prozent aller deutschen Internetnutzer auch On-Demand-Portale für die Rezeption von Filmen und Serien nutzen.[272]

Diese Auswertungen spiegeln sich auch in den Aussagen der befragten Experten wider. Demzufolge gebe es immer mehr Statistiken, die darauf hindeuten, *»dass immer mehr Leute bereit sind, in bezahlte Digitalangebote zu investieren«,*[273] das sei aber nichtsdestotrotz eine *»Besonderheit«,*[274] weil *»der Deutsche einfach nicht daran gewöhnt ist, für Inhalte Geld zu bezahlen«.* [275]

---

267 IP5, Z. 8-9.
268 Vgl. IP Network (2014 b), S. 2.
269 IP5, Z. 13.
270 Vgl. ARD-ZDF-Onlinestudie (2014), o.S.
271 Vgl. TNS Infratest (2014), S. 15.
272 Vgl. Bitkom (2015), o.S.
273 IP1, Z. 21-22.
274 Ebenda.
275 IP4, Z. 64-65.

Die Experten sehen in diesem Zusammenhang zwei Trends, die in den zukünftigen Verlauf der Digitalisierung hineinspielen könnten:

Zum einen sei die Nutzungsmenge und -häufigkeit in Bezug zu ausländischen Serien stark gestiegen,[276] sodass hier auch seitens der Rezipienten eine neue Art des »Sehens« eingefordert wird, die so nur von digitalen Anbietern geleistet werden kann: *»Früher war das sehr, sehr auf den lokalen, auf den nationalen Markt beschränkt. Man konnte... man ließ sich notgedrungen von den nationalen Fernsehsendern diktieren, wann eben die nächste Staffel anläuft und hat dann eben ein Jahr gewartet oder sogar noch länger. Das ist heute lange nicht mehr so. «*[277] Wie folgende Aussage zeigt, tritt das Verlangen nach einer eigenständigen Auswahl von Inhalten immer mehr in den Vordergrund: *»(...) nachdem Kunden auf jeden Fall ein Verlangen haben, selbstständig zu entscheiden, wann sie ein Programm anschauen wollen. «*[278] Hier spiegeln sich also schon die Attribute der inhaltlichen Selektivität und der zeitlichen Souveränität wider, die in Kapitel 4. 3. 1 beschrieben wurden.

Auf der anderen Seite wird den klassischen TV-Anbietern in Bezug zum Nutzerverhalten immer noch eine gewisse Vorreiterfunktion zugesprochen. Das Treffen einer gewissen Inhalte-Auswahl seitens der Sender wird von einer *»gewissen Zielgruppe«*[279] als nach wie vor relevant und meinungsbildend angesehen. Des Weiteren würden die meisten großen Serien zunächst im Free-TV angeschaut, um sie gewissenmaßen kennenzulernen, bevor dann über ein anderes Medium eventuell weitergeschaut wird. [280]

An dieser Stelle ist weiterhin anzumerken, dass die Hauptzielgruppe der Video-on-Demand-Nutzer nicht innerhalb der klassischen TV-Zielgruppe von 14 bis 49 Jahre liegt, sondern nach wie vor innerhalb der Altersstruktur unter 30 Jahren liegt. [281] Auch hier ist also der Konservatismus des deutschen Marktes erkennbar.

Zusammenfassend kann also festgehalten werden, dass sowohl der TV-Markt als solcher als auch das Nutzungsverhalten der Rezipienten aktuell noch als sehr konservativ einzuschätzen ist. Grundsätzlich gibt es Tenden-

---

276 Vgl. IP5, Z. 82-84.
277 IP5, Z. 97-100.
278 IP3, Z. 24-25.
279 IP3, Z. 97-99.
280 IP3, Z. 94-96.
281 Vgl. Bühler (2009), S. 41.

zen hin zu digitalen Bezahlangeboten, jedoch ist es noch ein weiter Weg, bis sich diese im deutschen Markt standfest etablieren können. Dieser Weg wird in den nachfolgenden Kategorien behandelt.

6. 2. 2 Ergebnisdarstellung der Kategorie »Zukunft deutscher TV-Markt«

Auf Basis der aktuellen Ist-Situation im deutschen TV-Markt soll nun die mögliche Zukunft analysiert werden.

Dazu wurde die Oberkategorie »Zukunft deutscher TV-Markt« in drei Unterkategorien unterteilt, die den Fokus dieser Thesis widerspiegeln: »Klassische TV-Anbieter«, »Distributoren/Inhalte-Anbieter« und »Digitale TV-Anbieter«. Aus diesen Unterkategorien bilden sich zwei Unter-Unterkategorien (»Chancen« und »Risiken«).

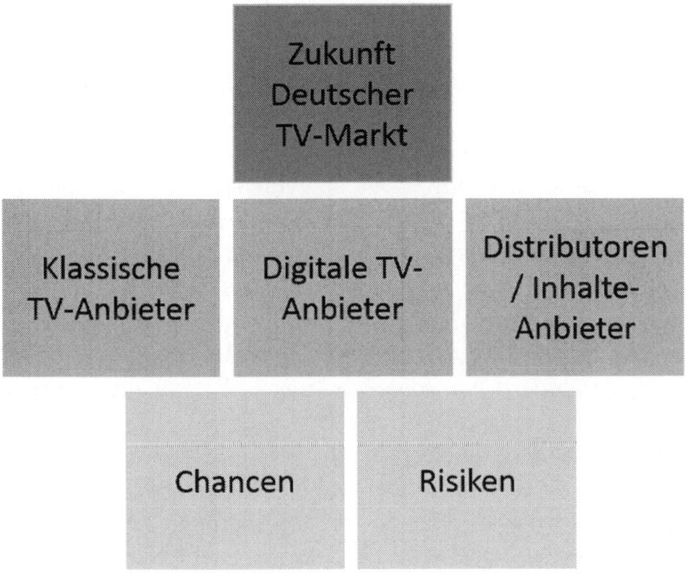

Abbildung 30: Kategorie »Zukunft deutscher TV-Markt«. [282]

Klassische TV-Anbieter werden in diesem Kontext als diejenigen verstanden, die ihr Ursprungs- bzw. Hauptgeschäft in der linearen Ausstrahlung

282 Eigene Darstellung.

von Inhalten haben. Dazu zählen zum Beispiel die großen Sendergruppen wie die RTL-Gruppe oder die ProSiebenSat. 1 Media AG.

Digitale TV-Anbieter vereinen die neuen Plattformen wie Netflix, maxdome, Amazon Prime Instant Video oder Watchever.

Die Zukunftsdarstellungen beziehen sich dabei auf die Auswirkungen auf diese einzelnen Akteure im Zuge der voranschreitenden Digitalisierung. Fragen wie: »Wie verändern sich die Marktstrukturen?« oder »Welche Tendenzen und neuen Wege sind bereits jetzt erkennbar?« sollen so beantwortet werden.

6. 2. 2. 1 Klassische TV-Anbieter

Folgt man den Befürchtungen der aktuellen Medienberichte und der provokanten Aussage des Netflix-Gründers Reed Hasting *»Klassisches Fernsehen wird aussterben«*,[283] so scheint es eine klare Tendenz für die klassischen TV-Anbieter zu geben.

Die befragten Experten haben diesbezüglich eine differenziertere Meinung.

Grundsätzlich gehen sie davon aus, dass das klassische Fernsehen nicht in seiner Gesamtheit aussterben wird. Das spiegelt sich zum Beispiel in der folgenden Aussage wider: *»Also ich gehe davon aus, dass (...) wir nach wie vor das bestehende System haben, eine Zweiteilung zwischen öffentlich-rechtlich und Privatsendern – im frei empfangbaren Bereich«*,[284] oder auch: *»Wenn wir das jetzt mal für Deutschland anwenden, diese Aussage und klassisches Fernsehen als den Programm-Mix von ARD, ZDF und den großen Privatsendern betrachten, glaube ich nicht, dass dieses aussterben wird (...). «*[285]

Einig sind sie sich jedoch darüber, dass »die breite Masse an Programmen [sich] sicherlich (…) stark verändern und sicherlich auch an Einschaltquoten einbüßen [wird]«. [286] Das basiert vor allem auf der Tatsache, dass »der Wettbewerb größer wird«[287] und so immer mehr Nischenanbie-

283 Horizont online (2014), o.S.
284 IP4, Z. 137-139.
285 IP4, Z. 77-79.
286 IP4, Z. 86-87.
287 IP2, Z. 24.

ter auf den Markt treten und Zuschauer abgreifen. [288] Das inkludiert sowohl neue Anbieter im digitalen Bereich als auch neue Spartensender innerhalb des klassischen TV-Marktes.

Auf der anderen Seite glauben die Experten auch, dass insbesondere die großen, etablierten Sender und Sendergruppen Bestand haben werden. Das wird deutlich durch Aussagen wie *»Die großen Anbieter werden definitiv bestehen bleiben, da wird sich das Programm sicherlich in gewisser Weise immer neu erfinden bzw. neu definieren müssen, aber das werden die auch erreichen«*[289] oder: *»Ich denke dennoch, dass gerade Vollprogramm-Plattformen auch weiterhin im deutschen TV-Markt Bestand haben werden«.* [290]

Große Probleme der klassischen Anbieter sehen die Experten im Bereich der Kostenfaktoren und Monetarisierung. So meint der erste Interviewpartner: *»Ich glaube, das Free-TV wird (...) Probleme kriegen durch das hohe Monetarisierungs-Level, das sie heute haben. «*[291] Im gleichen Atemzug werden besonders bei kleinen Nischensendern die hohen Kosten als Hindernis zur Aufrechterhaltung der Programmgestaltung gesehen. [292]

Auf der anderen Seite werden aber auch der Event-Charakter und die Möglichkeit der Event-Programmierung des klassischen Fernsehens für einen Faktor gehalten, der seine Strahlkraft weiter aufrechterhält: *»Fernsehen wird auf eine gewisse Art und Weise, gerade wenn es um Live-Events oder Event-Programmierung geht, Fußball oder eben auch solche Geschichten wie »Germany's Next Topmodel«, »Deutschland sucht den Superstar« und so weiter, sicherlich auch weiterhin eine Strahlkraft haben, (...) was dann die Leute auch sicherlich bei der Stange halten wird. «*[293] Darüber hinaus werden auch Flaggschiff-Programme wie Tatort oder größere Unterhaltungsshows genannt, die *»nach wie vor hohe Einschaltquoten erzielen«*[294] werden.

Zusammenfassend kann man somit festhalten, dass es einen Rückgang im Bereich des klassischen Fernsehens geben wird, besonders in Bezug zu Einschaltquoten und kleineren Nischensendern, dass aber das Grundkon-

288 Vgl. IP4, Z. 77-79.
289 IP3, Z. 115-117.
290 IP3, Z. 32-33.
291 IP1, Z. 175-176.
292 Vgl. IP3, Z. 112-115.
293 IP3, Z.84-89.
294 IP4, Z.80-85.

zept Bestand haben wird und insbesondere die großen Sendergruppen und besondere Programm-Highlights nur schwer vom Markt zu verdrängen sind.

6. 2. 2. 2 Digitale TV-Anbieter

Obwohl der Markt der digitalen TV-Anbieter noch ein sehr junger Markt in Deutschland ist, kann seit 2005 ein immenses Wachstum von fast 100 Prozent jährlich verzeichnet werden[295] und dieser Trend scheint in den nächsten Jahren nicht abzubrechen: Der Digitalverband Bitkom sagt für 2015 ein Wachstum von 42 Prozent auf ein Gesamtvolumen von 458 Millionen Euro voraus. Diese Prognose wurde auf Basis von Zahlen des Marktforschungsinstituts IHS Screen Digest erhoben. 2014 lag der Umsatz von digitalen VoD-Portalen bei rund 322 Millionen Euro. [296]

Die befragten Experten dieser empirischen Studie sind auch der Meinung, dass dieses Wachstum realistisch ist. Das spiegelt sich zum Beispiel in der folgenden Aussage wider: *»Ich glaube, dass der TV-Markt in Deutschland (...) einen höheren Grad an Abonnenten im On-Demand-, im SVoD-Bereich besitzen wird. «*[297] Genauso meint auch Interviewpartner 5: *»(...) in fünf Jahren haben wir ja schon 2020, ich denke mal, dass das gesamte SVoD-Umfeld (...) ja, das schon ca. 20 Prozent der deutschen Haushalte ein kleines SVoD-Paket zusätzlich haben. «*[298]

Eine von Digital TV Research veröffentlichte Studie, die bereits in Kapitel 5. 4 erwähnt wurde, hat im Zuge des Wachstums des VoD-Marktes prognostiziert, dass bis 2020 30 Prozent der Haushalte in Deutschland über einen Netflix-Account verfügen sollen. Die befragten Experten halten diesen Zuwachs für durchaus realistisch, sind sich jedoch unsicher, ob es tatsächlich Netflix sein wird, das den Markt in einem solchen Ausmaß beherrschen wird: *»(...) von daher halte ich das Wachstum definitiv für realistisch, ob das aber ein Marktteilnehmer aus dem On-Demand-, also vor allem aus dem SVoD-Bereich sein wird, das glaube ich nicht. «*[299] Weiter meinen sie: *»In Gänze genommen, also sprich Netflix, Amazon, maxdome*

---

295 Vgl. Martens & Herfert (2013), S. 101.
296 Vgl. Digitalfernsehen.de (2015), o.S.
297 IP5, Z. 106-107.
298 IP5, Z. 120-122.
299 IP3, Z. 67-69.

und Watchever und möglicherweise noch andere, neue Marktteilnehmer oder Koalitionen, die es dann noch untereinander gibt, halte ich allerdings für sehr realistisch (...), dass es stattfindet. «[300] Es sei also mehr *»ein (...) Bouquet an Demand-Optionen«*[301] als eine *»massive Konsolidierung«*[302] von Marktteilnehmern.

Weiterhin werden die großen amerikanischen Player als Haupttreiber der Zukunft gesehen: »Ich glaube, dass die großen amerikanischen Player (…) die dominanten Distributoren in diesem Bereich sein werden. Also, wenn man sich anschaut, was 'ne Amazon macht, 'ne Apple, zwar noch halbherzig, aber die sind auch nicht mehr weit weg davon, dass sie auch mal im TV wieder etwas Attraktives machen. Da wird meines Erachtens die Musik spielen (…). «[303]

Der Markt für digitale Anbieter ist in Deutschland somit definitiv gegeben, auch wenn zukünftig wahrscheinlich nur wenige deutsche Anbieter mitmischen werden. Die Wachstumsraten versprechen auf jeden Fall eine positive Zukunft, auch wenn der deutsche TV-Markt noch ein wenig hinter anderen internationalen Video-on-Demand-Märkten hinterher hängt.

6. 2. 2. 3 Distributoren/Inhalte-Anbieter

Auch die Inhalte-Distributoren bleiben von Veränderungen im Zuge des digitalen Wandels nicht verschont. Den größten Wandel sehen die befragten Experten hinsichtlich der sich zeitlich und strukturell verändernden Verwertungskette: *»Ich glaube, dass mittelfristig die (...) Zeit der nacheinander folgenden Launches*[304] *abgelaufen ist. Das heißt, dass wir nicht mehr die Situation haben werden, dass ein Film erst ins Kino kommt und (...) dann kommt der DVD-Release und dann kommt der (...) Pay-TV Release, sondern wir werden dahin kommen (...), dass ich entscheiden kann. «*[305]

Im Zuge dessen wird auch ein aktuelles Beispiel genannt: »Interessanterweise gab es ja jetzt gerade mit ‚The Interview', natürlich durch einen

---

300 IP3, Z. 56-58.
301 IP1, Z. 162-166.
302 Ebenda.
303 IP1, Z. 167-171.
304 In Deutsch: Erscheinungen/Einführungen.
305 IP1, Z. 138-142.

Hype hervorgerufen, den ersten ‚Direkt-zu-On-Demand'-Release, der recht erfolgreich gelaufen ist. «[306] Hier wird auf den internationalen Hacker-Angriff auf Sony Pictures Television Ende November 2014 angespielt. Terroristen wollten die Veröffentlichung des Filmes »The Interview« durch diesen Akt und durch die Drohung weiterer terroristischer Taten verhindern. [307] Das hat dazu geführt, dass der Film, um in besonderem Maße für Meinungsfreiheit und Kreativität einzustehen, nicht nur im Kino veröffentlicht wurde, sondern zeitgleich über diverse Online-Plattformen verfügbar gemacht wurde. [308]

Im gleichen Zusammenhang wird aber auch ein anderes Beispiel genannt, in dem ein Filmstart vor bzw. zeitgleich mit dem Kino-Release stattgefunden hat: *»Sie kennen ja sicherlich das Netflix-Beispiel, dass jetzt im Mai in Amerika ein Film vor dem Kinostart schon in Netflix gezeigt wird. Von ‚Tiger and Dragon' die Neuverfilmung (...). «*[309]

Diese These hat auch schon Ulin im Jahr 2010 vertreten, indem er die unterschiedlichen Kräfte beschrieb, die auf die Struktur der Verwertungskette einwirken (siehe Abbildung 31). Hier wird durch neue Angebotsformen der Wettbewerb insoweit intensiviert, als die tradierte Struktur auf lange Sicht nicht bestehen bleiben kann.

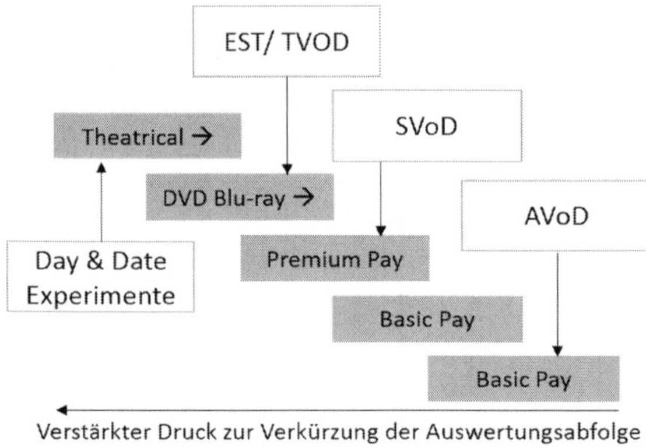

Abbildung 31: Einwirkungskräfte der Verwertungskette. [310]

306 IP1, Z. 155-157.
307 Vgl. Paukner (2014), o.S.
308 Vgl. Miller & D'Orazio (2014), o.S.
309 IP4, Z.131-133.
310 Eigene Darstellung in Anlehnung an Ulin (2010), S. 35.

Diese Einwirkungen von unterschiedlichen Wettbewerbskräften führen dann zu Alternativüberlegungen für andere Strukturen. Eine Möglichkeit sieht Ulin in Day-and-Date-Experimenten.

Dabei spielt er auf eine amerikanische Produktionsfirma an, die eine Verwertungskette entwickelt hat, die nicht horizontal, sondern vertikal integriert ist. Dieses Konzept würde dazu führen, dass diverse Distributionsplattformen die Inhalte gleichzeitig über einen Day-and-Date-Release veröffentlichen. Dabei verweist er weiterhin auf den bereits 2006 erschienen Film »The Bubble«, der gleichzeitig im Kino, auf DVD und im Pay-TV erschienen ist. [311]

Diese Möglichkeit der Umstrukturierung sehen auch die Experten: »(...), dass man quasi on-demand am Launch-Tag schon was kaufen kann und das es dann auch unterschiedliche Verwertungskanäle gibt, die aber alle am selben Tag verfügbar gemacht werden. «[312]

Grundsätzlich wird also deutlich, dass die Verschiebung und die auf die Verwertungskette einwirkenden Kräfte immer mehr dazu führen, dass Inhalte gleichzeitig über verschiedene Plattformen anlaufen. Das wiederum führt dazu, dass Filmdistributoren ihre Verkaufsstrategien und die damit verbundenen Strukturen überdenken und anpassen müssen.

6. 2. 2. 4 Chancen und Risiken

Die zuvor beschriebene Zukunft des deutschen TV-Marktes birgt einige Chancen, aber auch Risiken, die es zu berücksichtigen gilt. Diese betreffen und inkludieren alle Akteure im Bereich der Filmdistribution.

Zum einen sehen die Experten die größten Chancen auf der Nachfrageseite. Die generelle Nachfrage nach Inhalten steigt stetig, aber auch die Nachfrage nach qualitativ hochwertigeren Inhalten wächst. Daraus resultiert folglich auch eine höherer Bereitschaft, für Inhalte zusätzlich zu zahlen: *»Eine ganz klar positive Auswirkung für unsere Branche [ist], (...) insofern, als das (...) der Bedarf, die Nachfrage nach Content kontinuierlich wächst. «*[313] Weiter wird ausgesagt: *»(...) ich sehe eine zunehmende, also Chancen sind natürlich einfach die, dass man halt immer mehr potenzielle Abnehmer hat, dass immer mehr Nachfrage besteht nach hochwertigen*

311 Vgl. Ulin (2010), S. 33 und Brehm (2008), S. 255.
312 IP1, Z. 147-149.
313 IP5, Z. 51-52.

Produkten. «[314] Ein anderer Experte meinte in diesem Kontext dazu: »*Was ist da die größte Änderung und die ist in den USA ja schon eingetreten, dass immer mehr qualitativere Serien auf den Markt kommen.* «[315] Weiter meint er: »*Und ich glaube, dass eine grundsätzlich positive Entwicklung erstmal sein wird, dadurch dass wenn der Paid-Anteil steigt, das heißt, wenn die Leute bereit sind, Serien zu bezahlen und nicht mehr nur anonyme Packages zu kaufen (...) das hochqualitative Serien eine wesentlich bessere Refinanzierung haben und man mehr ins Risiko gehen kann.* «[316]

Zum anderen sehen die Experten eine große Chance in der stetig wachsenden Vielfalt von Verwertungsplattformen – das betrifft vor allem die verwertenden Unternehmen: »*Weil es immer mehr Plattformen gibt, die Content ausstrahlen, die Content versuchen an den Mann, an die Frau zu bringen. Also für uns tun sich immer mehr (...) Flächen auf, an die wir verkaufen können. Also durchweg positiv.* «[317] Genauso meint auch ein anderer Experte: »*Das heißt, es gibt plötzlich eine neue Verwertungsart, die sich erst mal natürlich super toll anhört und für die Distributoren natürlich auch neues Programm zum Vertreiben eröffnet.* «[318]

Eine weitere Chance, die die Digitalisierung mit sich bringt ist die schnellere Bereitstellung von Inhalten weltweit durch den immensen technologischen Fortschritt der letzten Jahre. Diesbezüglich äußert sich ein Experte wie folgt: »*(...) die Digitalisierung ermöglicht uns auch eine schnellere Vermarktung, schnelleres ‚Dubben',*[319] *schnelleres Bereitstellen von Content und damit auch ein Anfeuern dieser Nutzung und Menge, in der Programm geschaut wird.* «[320]

Neben diesen Chancen müssen allerdings auch einige Risiken in Betracht gezogen werden. Die risikoreichsten Themenfelder in den Augen der Experten sind unter anderem neue Möglichkeiten für illegale Plattformen, die Abgrenzung neu entstehender Verwertungs- und Nutzungsrechte, Prioritätensetzung und Komplexität bei der Vergabe von Rechten und Lizenzen sowie strukturelle Veränderungen innerhalb der Verwertungskette.

---

314 IP5, Z. 80-82.
315 IP1, Z. 112-114.
316 IP1, Z.119-123.
317 IP5, Z. 53-55.
318 IP4, Z. 103-105.
319 „Dubben" steht in der Filmproduktion für eine zweite Tonspur über der Originalsprache, um den Film auch in anderen Sprachen ausstrahlen zu können.
320 IP5, Z. 85-87.

In Bezug zu den steigenden Möglichkeiten für Filmpiraterie aufgrund wachsender Nachfrage nach aktuellen Inhalten meinte ein Experte: *»Auf der anderen Seite besteht eine große Gefahr darin, dass natürlich der Piraterie Tür und Tor weiterhin offen stehen, dass auch die Anspruchshaltung des Zuschauers gestiegen ist in Bezug auf die Schnelligkeit, in der eine internationale US-Produktion zur Verfügung gestellt wird. Viele Leute warten nicht mehr, sondern schauen dann eben auf Raubkopierseiten (...), weil sie einfach direkt die nächsten Folgen, die nächsten Staffeln sehen wollen. «*[321] Die Hauptzielgruppe, die in dieses Schema fällt ist in der Alterspanne zwischen 18 und 34 Jahren angesiedelt. Das bestätigt eine aktuelle Studie von Deloitte. [322]

Bezüglich der Abgrenzung und Definition von neu entstandenen Verwertungs- und Nutzungsrechten kann vor allem folgender Kommentar genannt werden: *»Die große Herausforderung in unserer Branche liegt darin, dass man die sich permanent verändernde technische (...) Umgebung oder die technischen Möglichkeiten mit den damit verbundenen, zusätzlich neu entstandenen Verwertungs- bzw. Nutzungsrechten und -möglichkeiten (...) richtig einordnet und richtig abgrenzt voneinander (...), um eben weiterhin das maximale Verkaufspotenzial, Erlöspotenzial für die verschiedenen Programme die wir produzieren und verkaufen erlösen zu können. «*[323] Dieses Risiko führt dann weiter zu der sich verändernden Struktur der Verwertungskette. Hier liegt die größte Gefahr in der Priorisierung der einzelnen Fenster seitens der Inhalte-Verkäufer: *»Das könnte ich als Gefahr ansehen, dahingehend, dass dann auch wirklich der Filmdistributor ‚was verkaufe ich wann wem' nochmal wirklich umstellen müsste. «*[324]

Neben der Dominanz der amerikanischen Hollywood-Studios, die auch schon aus der Struktur der Filmakteure in Kapitel 2. 4. 2 hervorging, wurde des Weiteren die neu entstandene Komplexität als ein Risiko dargestellt, *»(...) weil diese Rechte immer komplexer, immer verschachtelter werden und man muss da sehr, sehr genau hinschauen wem man etwas exklusiv, non-exklusiv (...), für welche Lizenzzeit, mit welchem Erlösmodell,*

321 IP5, Z. 91-96.

322 Vgl. Deloitte (2015), S. 35.

323 IP5, Z. 58-64.

324 IP4, Z. 129-1230.

Flat-Fees, Beteiligungen an Downloads etc. Also das ist mittlerweile eine juristisch und technisch höchst komplizierte Gemengelage. «[325]

Überdies könnten strukturelle bzw. zeitliche Veränderungen innerhalb der Verwertungskette auch zu einer Schmälerung von Erlösen innerhalb der Hauptverwertungsfenster führen. Dazu meint zum Beispiel ein Experte, »*(...) dass der Filmdistributor, wenn sich zum Beispiel durchsetzt, dass Netflix Kinofilme vor der Kinoauswertung ausstrahlt, Einbußen in den Hauptverwertungsfenstern hat. Weil diese Lizenzen dann auch nicht mehr so teuer bezahlt werden wie man das momentan gewöhnt ist, weil einfach die VoD-Anbieter einen gleichzeitigen Start oder sogar vielleicht einen vorgezogenen Start machen und da dann wiederum natürlich die Lizenzsummen verteilt werden.* «[326] Hier birgt also vor allem auch die Umstrukturierung von Erlösquellen ein verstärktes Risiko.

In der nachfolgenden Tabelle werden die oben beschrieben Chancen und Risiken noch einmal zusammengefasst dargestellt:

Tabelle 5: Chancen und Risiken für die Akteure der Filmdistribution.

Chancen	**Risiken**
Nachfrage wächst	Piraterie, illegale Portale
Nachfrage nach hochwertigen Produkten steigt	Abgrenzung neu entstehender Verwertungs- und Nutzungsrechte
Produktion von qualitativ hochwertigeren Inhalten ist einfacher umsetzbar	Prioritätensetzung beim Verkauf von Inhalten
Bereitschaft der Kunden, für Inhalte zu zahlen, steigt tendenziell	Dominanz der Hollywood-Studios
Schnellere Bereitstellung von Inhalten durch technischen Fortschritt	Ausstrahlungen von Inhalten vor dem Kinostart
Mehr Inhalte können in kürzerer Zeit angeboten werden	Komplexere Rechte/Verschachtelung von Rechten, Lizenzzeiten und Erlösmodellen
Mehr Plattformen/Möglichkeiten für den Vertrieb von Inhalten	Umstellung der zeitlichen und strukturellen Anordnung der Verwertungskette

325 IP5, Z. 65-69.
326 IP4, Z. 123-128.

Die Anordnung und die Gegenüberstellung der einzelnen Punkte innerhalb der Tabelle spiegelt dabei nicht die Gewichtung der Relevanz der jeweiligen Inhalte wider.

Aus diesen Chancen und Risiken ergeben sich unterschiedliche Strategien, die die einzelnen Akteure vertreten können. Diese werden im folgenden Abschnitt detailliert dargestellt.

6. 2. 3 Ergebnisdarstellung der Kategorie »Strategien«

Innerhalb dieses aktuell sehr konservativen Marktes in Deutschland und der zuvor beschriebenen Zukunftsaussichten im Bezug zur Digitalisierung müssen die verschiedenen Akteure veränderte bzw. neue Strategien verfolgen, um auch im Wandel Bestand zu haben. Die aufgeführten Chancen und Risiken müssen dabei natürlich ebenfalls berücksichtigt werden.

Demnach bezieht sich die Kategorie »Strategien« auf die unterschiedlichen Möglichkeiten, die die TV-Anbieter und die Distributoren im deutschen Markt haben bzw. einsetzen können. Diese Oberkategorie wird in drei Unterkategorien unterteilt: Klassische TV-Anbieter, Distributoren/ Inhalte-Anbieter und Digitale TV-Anbieter (vgl. Abbildung 32).

Die Differenzierung zwischen klassischen und digitalen Anbietern ist in diesem Kapitel die gleiche wie in Kapitel 6. 2. 2.

Abbildung 32: Kategorie »Strategien«.

6. 2. 3. 1 Klassische TV-Anbieter

Die klassischen Anbieter sind vor allem dem Wandel durch die Digitalisierung ausgesetzt und müssen sich so stetig anpassen und entwickeln, um auch langfristig bestehen zu können. Die befragten Experten sehen in Bezug zu neuen oder weiterentwickelten Strategien vor allem Ansätze in der Innovationsbereitschaft, in Kooperationen und in einer stellenweise ganzheitlichen Umstellung von analog auf digital.

In den Augen der befragten Experten ist es eindeutig, *»(...) dass die klassischen Fernsehsender da noch innovativer sein müssen«*[327] und somit vor allem fortschrittlicher, nicht nur in Bezug zu ihrem Geschäftsmodell, sondern auch die Programmgestaltung muss progressiver sein.

Im Zuge dessen merkt ein befragter Experte an: »Es wird eine gewisse Anforderung an die Programmmacher geben, neue Wege zu gestalten, vor allen Dingen, und um eine jüngere Zielgruppe zu erreichen. «[328] Denn genau diese jüngere Zielgruppe ist es, die immer mehr dazu neigt, Inhalte digital zu rezipieren (siehe Kapitel 6. 2. 1. 1 und 6. 2. 2. 4) – legal oder illegal.

So müssen sie zum Beispiel *»ein erweitertes Geschäftsmodell [finden], was sie vielfach auch schon getan haben und auch tun. «*[329] Eine Überlegung in diesem Zusammenhang könnte eine verstärkte Umsatzgenerierung über den Endkunden sein. [330] Dies kann zum Beispiel in Form von Merchandising passieren. Eine andere Überlegung ist es aber auch, in Form von Kooperationen ebenfalls in das digitale Geschäft einzusteigen: *»Wenn man jetzt über Fernsehsender spricht (...), die müssen sich jetzt auch schon überlegen, wie sie mit dem digitalen Geschäft umgehen. (...) Da könnte man auch über Kooperationen nachdenken (...). «*[331] Diese Kooperationen kommen aufgrund des hohen Kostenaufwandes vor allem für die großen Sendergruppen infrage. Ein Beispiel, das in diesem Zusammenhang genannt wird ist die ProSieben Sat. 1 Media AG: *»Wenn man jetzt mal nur die Aktivitäten der ProSieben Sat. 1 Media AG betrachtet mit [ihrem Tochterunternehmen] maxdome, (...) [so] haben die (...) die Zei-*

327 IP2, Z. 31-32.
328 IP3, Z. 106-107.
329 IP4, Z. 20-22.
330 Vgl. IP1, Z. 176-177.
331 IP2, Z. 26-29.

chen der Zeit sozusagen schon erkannt und auch in ihr Portfolio sozusagen die Distribution über eine VoD-Plattform integriert. «[332]

Für kleinere Nischenanbieter ist diese strategische Ausrichtung aufgrund des Kostenaspektes eher weniger geeignet: »Bei den kleineren Nischenanbietern sehe ich eher dann die Frage, ob das Ganze einfach von den Kostenfaktoren, (…) ob die in einer klassischen linearen Ausstrahlung auf den herkömmlichen Übertragungswegen (…), ob die dann nicht wieder direkt ins Internet gehen und dann kleine Anbieter werden, die man dann online als Einzel-Abonnements benutzt, oder in Form vielleicht von [Praxisbeispielen wie] »Zattoo« oder »Magine«, wo einfach die Kosten überschaubarer sind (…). «[333]

Mit Zattoo und Magine TV wird hier auf zwei Anbieter angespielt, die das klassische lineare Fernsehen online in Form eines Livestreams den Zuschauern verfügbar machen. [334] Diese Form der Digitalisierung halten auch die Experten für sehr spannend: *»Deshalb finde ich so neue Player wir Magine TV (...) die ganz andere Ansätze haben, die nämlich (...) das Live-Fernsehen (...) online bringen, finde ich halt wesentlich spannender. «*[335] Hier wird also die eingangs beschriebene Medienkonvergenz in die Praxis umgesetzt, indem der klassische Fernseher bzw. das klassische Fernsehprogramm über das Internet verfügbar gemacht wird. Diese Verbindung von linear und non-linear als zukunftsweisende strategische Ausrichtung wird auch noch einmal durch den folgenden Kommentar bestätigt: *»Zukünftig werden non-linear und linear noch mehr zusammenwachsen. Der Erste, der das mit einer Usability-freundlichen Plattform hinbekommt, ist ganz weit vorne!«*[336]

Für klassische TV-Anbieter gibt es also unterschiedliche Möglichkeiten, sich strategisch anders und in den meisten Fällen sogar besser aufzustellen. Die befragten Experten fokussieren sich in ihren Aussagen dabei vor allem auf die Umstellung vom linearen auf den digitalen Bereich – sowohl durch Kooperationen als auch durch den totalen Übergang hin zu einer digitalen Plattform. Des Weiteren müssen auch die Endkunden verstärkt für die Umsatzgenerierung berücksichtigt werden.

332 IP4, Z. 23-25.
333 IP3, Z. 118-125.
334 Vgl. Focus online (2014), o.S.
335 IP1, Z. 52-54.
336 IP2, Z. 106-109.

6. 2. 3. 2 Digitale TV-Anbieter

Obwohl digitale TV-Anbieter von der technischen Grundausrichtung her gegenüber den klassischen TV-Anbietern im digitalen Wandel bevorteilt sind, sehen auch diese sich immer intensiveren Wettbewerbsstrukturen gegenübergestellt.

Durch die Befragung der Branchenexperten konnten auch hier verschiedene strategische Ansätze herausgestellt werden, die auf lange Sicht einen Bestand der Unternehmen sichern könnten.

Dabei beziehen sich die Experten vor allem auf zwei Hauptbereiche der strategischen Ausrichtung: zum einen das Angebot von sogenannten »Bundling-Paketen«, durch die der Konsument noch einen Zusatznutzen neben dem eigentlichen Video-on-Demand-Angebot erhält, zum anderen flexible Nutzungs- und Bedienungshilfen in Zusammenhang mit einem Abonnement oder Downloads von Inhalten.

Als bestes Praxisbeispiel für Zusatzangebote wird hier von vielen Experten der große Anbieter Amazon Prime Instant Video genannt, der so, in den Augen der Experten, seinen Kunden einen großen Mehrwert liefert: *»Oder sehen Sie 'ne Amazon, die mit ihrem Prime Angebot, wo sie gratis ein sehr großes Filmpaket anbietet und auch kombiniert mit ihrem klassischen Prime (...) auch sehr stark unterwegs [ist]. «*[337]

Mit einem Amazon Prime-Abonnement über ein Jahr verfügt man nicht nur über die gesamten Inhalte der Mediathek von Amazon Instant Video, sondern kann zusätzlich die kostenlose Versandoption über den traditionellen Versandshop von Amazon nutzen. Gleichzeitig zu diesen beiden Nutzposten kann man den DVD-Abo-Versand über die Amazon-Marke Lovefilm nutzen und verfügt über einen kostenlosen Amazon Cloud Drive mit einem unbegrenzten Speicherplatz für Fotos. [338]

Einen solchen vielfältigen Zusatznutzen bietet außer Amazon zurzeit keiner im deutschen Markt, dies könnte aber durchaus eine strategische Richtung sein, an der sich auch die anderen großen Anbieter orientieren können. Natürlich muss in diesem Zusammenhang angemerkt werden, dass Amazon durch den Versandhandel als Grundgeschäft eine ganz andere Ausgangslage hatte als manch andere Anbieter. Dennoch kann die Erweiterung der Wertschöpfungskette und somit eine Erweiterung des Pro-

---

337 IP1, Z. 47-49.
338 Vgl. Amazon.de (2015), o.S.

duktportfolios eine zukunftsweisende Variante sein, die ein Bestehen im Markt auf Dauer ermöglicht. Eine mögliche Erweiterung könnte zum Beispiel in Form einer Kooperation mit anderen Unternehmen geschehen. So schlägt ein Experte Folgendes vor: *»(...) da wird es dann Aktivitäten geben, dass man [einen] Mobilfunk-Vertrag oder einen Internet-Vertrag abschließt über 24 Monate und dann zu mindestens über sechs Monate oder auch über die gesamte Laufzeit dann auch Zugang zu Netflix, maxdome oder ähnlichem [hat]. «*[339]

Bundling-Maßnahmen können des Weiteren nicht nur in Bezug zum gesamten Produktportfolio vollzogen werden, sondern auch innerhalb der einzelnen Produktarten. So können zum Beispiel auch komplette Sets an Serienfolgen, d. h. ganze Staffeln gleichzeitig freigeschaltet werden. [340] Diese sogenannten Boxsets könnten vor allem im Kampf gegen illegale Portale eine wichtige Rolle spielen.

In Bezug zu den Nutzungs- und Bedienungshilfen seitens der Anbieter digitaler Plattformen stehen verschiedene Aspekte zur Berücksichtigung im Raum. Vor allem aber, so die befragten Experten, müssen alle Inhalte der Anbieter über alle Geräte der Nutzer verfügbar gemacht werden: *»Und natürlich über alle Devices hinweg... das steht außer Frage! (...) Das ist ein wichtiger Faktor. «*[341] So meint in diesem Kontext auch ein anderer Interviewpartner: *»Das heißt, die Usability der einzelnen Plattformen, die da sind, muss gesteigert werden, um einfach auch die veränderten Nutzungsgewohnheiten [zu berücksichtigen] (...), dass es nicht zwingend alles im Wohnzimmer stattfinden muss, sondern das es auch unterwegs stattfinden kann (...). «*[342] Diese Faktoren haben die meisten Anbieter bereits implementiert, wenn auch häufig gegen einen Aufpreis. Dennoch kann man diese strategische Ausrichtung als wegweisend für mögliche neue Wettbewerber sehen.

Zusammenfassend kann man somit festhalten, dass sich digitale Anbieter hinsichtlich ihrer Strategie also vor allem auf das Anbieten breiterer Nutzungsangebote in Form von Paketen oder anderen Bundling-Maßnahmen fokussieren sollten. Weiterhin müssen sie auch im Bereich der Nutzungs- und Bedienungshilfen durch eine erhöhte Usability und erleichterte Bedienungshilfen wettbewerbsfähig bleiben.

339 IP3, Z. 68-71.
340 Vgl. Kühl (2015), o.S.
341 IP1, Z. 172-174.
342 IP3, Z. 143-145.

6. 2. 3. 3 Distributoren/Inhalte-Anbieter

Die zuvor beschriebenen Kräfte die aktuell auf die traditionelle Verwertungskette einwirken, verleiten auch Distributoren bzw. Inhalte-Anbieter dazu ihre strategische Ausrichtung zu überdenken und gegebenenfalls anzupassen. Die Frage *»was verkaufe ich wann wem«*[343] stellt sich mit zunehmend steigender Wettbewerberzahl und wachsender technologischer Neuheiten immer mehr Distributoren. Seitens der befragten Experten gibt es unterschiedliche strategische Bereiche, die im Zuge dessen zu berücksichtigen sind.

Ein großer Bereich betrifft die Veränderung der Verwertungskette und die damit einhergehende Verlagerung hin zu verkürzten bzw. zu gleichzeitig anlaufenden Verwertungsfenstern. Grundsätzlich wird in Bezug hierzu die Strategie verfolgt, diesen »Shift« weitestgehend zu verhindern bzw. zu verzögern: *»Uns als Filmdistributoren ist natürlich daran gelegen, diese Wertschöpfstrukturen weiterhin aufrecht zu halten, um einfach auch die Produktionskosten zu decken, die immer anspruchsvoller werden. «*[344] Hier wird also auf die Diskrepanz zwischen den stetig wachsenden Qualitätsansprüchen seitens der Nutzer und den damit ebenfalls steigenden Produktionskosten und der immer stärker werdenden Verhandlungsstärke auf Seiten der Inhalte-Käufer angespielt. So meinen die Experten weiter: *»Das heißt, die Strategie auf unserer Seite muss auch weiterhin irgendwo sein, dass die bestehenden Marktteilnehmer immer auch weiterhin die Chance haben im Markt bestehen zu bleiben (...), da müssen wir im Prinzip die Marktteilnehmer unterstützen, die dementsprechend auch ein bisschen entwickeln. Nicht alle werden den Weg mitgehen können, das ist auch klar, aber das muss unser Anliegen sein. «*[345]

Selbst wenn es sich Distributoren zur Aufgabe machen würden, diese Verschiebung zu verhindern, wird es ihnen aufgrund der weiter fortschreitenden Digitalisierung nur in gewissen Teilen gelingen. Somit müssen sie sich auch innerhalb ihrer Preisstrukturen anpassen, um nach wie vor eine Gewinnmaximierung über die einzelnen Verwertungsfenster zu generieren: *»Es ist einfach nach wie vor wichtig, dass wenn es zu einem Shift kommt, ähm... und, ich sag mal, ein Marktteilnehmer in der Wertschöpfungskette rausfällt, dass es dann in anderen Bereichen aufgefangen wird.*

---

343 IP4, Z. 130.
344 IP3, Z. 134-136.
345 IP3, Z. 140-142 und 147-149.

Sprich, die Auswirkung wird so sein, dass wenn jetzt zum Beispiel Pay-TV oder Free-TV nicht mehr die Audienz erreicht, die sie haben müssen und das Ganze von On-Demand ersetzt wird, dass die Preise dann einfach in anderen Bereichen nach oben gehen. «[346]

Ein weiterer Bereich, den es zu berücksichtigen oder zu inkludieren gilt, ist die Rolle des Produzenten und des Rechteinhabers. So ist es in Zeiten, in denen Anbieter wie Netflix anfangen, selber Inhalte zu produzieren und zu vermarkten, immer wichtiger, dass auch Distributoren sich verstärkt an der Finanzierung von Produktionen beteiligen und sich so ein breiteres Spektrum an Rechten sichern können. [347] Diese Herangehensweise trifft natürlich nicht auf die vertikal integrierten Major Studios zu, da diese bereits in allen Bereichen entlang der Wertschöpfungskette selber aktiv sind. Es könnte jedoch besonders für kleinere Unternehmen eine interessante Strategie sein.

Eine weitere strategische Perspektive, die laut den befragten Experten fokussiert werden sollte, ist die von den Nutzern geforderte schnellere Bereitstellung von Inhalten: *»Und es wird auch immer mehr daran gesetzt, die (...) Serien oder auch die Filme schneller im lokalen Markt zu veröffentlichen. «*[348] Darunter fallen nicht nur Qualitätsaspekte wie das Vorhandensein der Inhalte in HD, sondern auch gute Dubbing-Drehbücher in unterschiedlichen Sprachen, um möglichst viele verschiedensprachige Territorien zu erreichen. [349]

Zusammenfassend kann man also festhalten, dass die Filmdistributoren die Ausrichtung ihrer Preisstrategie, ihrer Finanzierungsstrategie und ihrer technischen Strategien anpassen müssen. Über dem Ganzen schwebt der Versuch, die sich verändernde Verwertungskette in ihren Grundstöcken beizubehalten, um den Gewinnmaximierungsprozess weiter beibehalten zu können.

6. 2. 4 Ergebnisdarstellung der Kategorie »Fallbeispiel Netflix«

Das Fallbeispiel der vorliegenden Thesis, das Unternehmen Netflix und insbesondere dessen Markteintritt in den deutschen Markt, zieht sich the-

346 IP3, Z. 51-56.
347 Vgl. IP2, Z. 93-99.
348 IP3, Z. 137-138.
349 Vgl. IP3, Z.138-139.

matisch durch alle beschriebenen Bereiche – so auch in der empirischen Untersuchung. So werden die Oberkategorie »Netflix« und die dazu gehörige Unterkategorie »Fallbeispiel-Analyse« als eigenständige Faktoren gesehen und daher im Gesamtkonstrukt der Ergebnisauswertung gesondert dargestellt. Abbildung 33 zeigt die daraus herausgezogene, fragmentierte grafische Darstellung dieser Kategorie.

Abbildung 33: Kategorie »Fallbeispiel Netflix«. [350]

Innerhalb dieser Analyse wird sich auf unterschiedliche Bereiche bezogen, die immer wieder Schnittstellen mit den oben beschriebenen Kategorien haben. Dazu gehören folgende drei Bereiche:
- Einfluss auf den deutschen Markt
- Wachstumsperspektiven
- Zukunftsperspektiven

6. 2. 4. 1 Einfluss auf den deutschen Markt

Der Einfluss des Markteintritts auf den deutschen Fernsehmarkt kann aus zwei Perspektiven betrachtet werden: Aus Sicht des Wettbewerbsumfeldes und auch Sicht der Nutzer und deren Nutzungsverhalten.

Der lange im Voraus angekündigte Markteintritt von Netflix wurde von den deutschen Wettbewerbern nur bedingt positiv aufgenommen. Wie in Kapitel 5. 7 erwähnt, wurden schon im Vorfeld einige Vorkehrungen getroffen, um sich dem neuen Konkurrenten aus den USA mit ganzer Kraft gegenüberzustellen. Mit dem tatsächlichen Markteintritt im September 2014 wurde allerdings schnell klar, dass sich der vorangegangene Hype nur schwer in die Realität umsetzen lässt. So meinen auch die befragten Experten: *»Es war ja eine große Aufregung ‚Netflix kommt', ‚Netflix wird uns ruinieren' und dergleichen (...), [dass] natürlich zu erwarten war,*

350 Eigene Darstellung.

wenn man auch ein bisschen die Rechte, die sie eingekauft haben verfolgt hat, dass das Mega-Programm, das alle von Netflix erwartet haben, (...) dass dieser Hype ausbleiben wird. Und so ist es ja tatsächlich auch. «[351] Genauso meint ein anderer Experte: »*Also (...) das Presseinteresse ist natürlich gerechtfertigt, wenn so ein großer Player in den Markt einsteigt, (...) auf der anderen Seite sind die Erwartungshaltungen, die man an Netflix gestellt hat, definitiv überzogen.* «[352]

Von der Nutzerseite aus sehen die Experten jedoch eine für den Markt viel relevantere Richtungsänderung durch den Markteintritt von Netflix: »*Also ich denke mal, Netflix wird helfen, dieses Thema stärker ins Bewusstsein der deutschen Bevölkerung zu bringen und insofern halt insgesamt diese Technik mit voranzubringen. Weil es einfach bekannter wird.* «[353] Weiter wird ausgesagt: »*Ich erhoffe mir von Netflix eine zusätzliche (...) Education (...) der deutschen (...) Content-Schauer in Bezug auf die Möglichkeiten die die Digitalisierung und die On-Demand-Nutzung angeht.* «[354]

Der in der ersten Kategorie dieser Auswertung beschriebene Konservatismus des deutschen TV-Marktes kann also durch das Auftreten von Netflix, auch aufgrund dessen weltweiter Bekanntheit, evolviert werden und so zu einer noch rasanteren Digitalisierung beitragen.

6. 2. 4. 2 Wachstumsperspektiven

Die in Kapitel 5. 4 beschriebene Wachstums- und Entwicklungsstrategie von Netflix wird von den Experten weniger optimistisch betrachtet: »*Ich halte es für optimistisch, aber nicht für komplett unmöglich. Ich würde vielleicht ein bisschen niedriger tippen. Also 20-25 Prozent hielte ich schon für eine sehr gute Marktdurchdringung. Aber man sieht ja, dass Netflix bislang in anderen Territorien (...)sehr gut in der Execution ist und (...) wie gesagt, nicht unmöglich.* «[355] Ein anderer Interviewpartner beurteilt eine Marktdurchdringung in Deutschland von 30 Prozent aller Haushalte wie folgt: »*Ich glaube schon, dass sich das gerade auch mit der jun-*

351 IP4, Z. 38-45.
352 IP1, Z. 39-41.
353 IP5, Z. 24-26.
354 IP5, Z. 21-23.
355 IP5, Z. 30-33.

gen, nachwachsenden Generation langsam ändert, aber 30 Prozent aller in den nächsten fünf Jahren halte ich in diesem Zusammenhang für zu optimistisch. «[356]

Das angestrebte Wachstum ist in den Augen der Experten vor allem von zwei Dingen abhängig: von einer Verbesserung des bisherigen Angebotes von Netflix und dem Ausmaß der zukünftig noch neu auf den Markt eintretenden Wettbewerber. So meint zum Beispiel ein Experte: *»Also es kommt auch darauf an, wie viele attraktive Inhalte Netflix noch einstellt in Deutschland. Also mit dem Angebot zurzeit halte ich es für unrealistisch. «*[357] Weiterhin wird gesagt: *»(...) ich glaube, es wird auch für Netflix schwer, weil, wie gesagt, ich glaube, dass da auch noch andere Wettbewerber an den Markt kommen werden. «*[358]

Wie im Zuge der Zukunft der digitalen TV-Anbieter innerhalb dieser Auswertung schon deutlich gemacht wurde, wird es nicht Netflix allein sein, das den deutschen digitalen TV-Markt beherrscht. Es wird sich zeigen, ob die ambitionierten Entwicklungsziele erreicht werden können oder nicht. Klar ist jedoch jetzt schon, dass Netflix im deutschen Markt einige ernstzunehmende und teilweise schon länger etablierte Konkurrenten hat, die nicht leichtfertig das Feld räumen werden. Diese Zukunftsperspektiven werden im nächsten Abschnitt noch einmal differenzierter beschrieben.

6. 2. 4. 3 Zukunftsperspektiven

Die vorangegangenen Kapitel haben gezeigt, dass es im deutschen Markt zurzeit noch schwierig ist, als digitaler TV-Anbieter Fuß zu fassen. Obwohl Netflix im weltweiten Kontext eine enorme Bekanntheit und Strahlkraft mit sich bringt, ist auch hier die Zukunft ungewiss: *»Ich meine, es gibt ja auch andere On-Demand-Plattformen [, die gezeigt haben], wie es schwierig wird am deutschen Markt. Und [bei] Netflix muss man schauen, (...) ob die einen langen Atem haben. «*[359]

Weiterhin wird deutlich gemacht, dass es nicht Netflix allein sein wird, das den deutschen Markt zu einem Umbruch führen kann: »Ich glaube nicht, dass jetzt ausgerechnet der Netflix-Eintritt dazu führt, dass die

356 IP4, Z. 70-72.
357 IP2, Z. 65-66.
358 IP2, Z. 60-61.
359 IP2, Z. 39-42.

Branche irgendwie komplett durcheinander gerüttelt wird, sondern es ist die Masse an Anbietern, die auf diesen Markt drängt. «[360]

Die größte Potenzial für Netflix, um auch im deutschen Markt Bestand zu haben, sehen die befragten Experten in der Produktion von exklusiven Inhalten: *»(...) die Frage ist halt, (...) worüber die in den USA groß geworden? (...) durch exklusive Inhalte und da hat sich bisher noch nichts abgezeichnet, dass (...) es für Deutschland exklusive Inhalte gibt wie zum Beispiel House of Cards. Wo ich dann wirklich sag' ,ok' ich werde deswegen Netflix-Mitglied, weil es hier eine große deutsche Serie gibt, die ich nur über Netflix bekommen kann. «*[361] So heißt es auch in einer Unternehmensmeldung von Netflix, dass man zunächst den deutschen Markt und dessen Spezifika besser kennenlernen müsse, um dann auch Serien speziell für diesen Markt entwickeln zu können. [362]

Grundsätzlich kann man also sagen, dass Netflix den deutschen Markt in einer gewissen Art und Weise beeinflusst hat und auch in Zukunft beeinflussen wird, es jedoch nicht zwingend zu einem dramatischen Umbruch der gesamten deutschen TV-Landschaft kommen wird, den so viele Experten vorhersagten.

Die große Sendervielfalt des Free-TV-Bereiches macht es vielen Pay-TV und Online-Streaming-Anbieter schwer, langfristig Kunden zu gewinnen. [363]

Dennoch, wie auch durch die Auswertung der verschiedenen Expertenmeinungen deutlich wurde, ändern sich die Sehgewohnheiten der deutschen Fernsehzuschauer zunehmend. Die Individualität und Flexibilität in Bezug zur Fernsehnutzung rückt immer weiter in den Vordergrund und bieten so eine stabile Grundlage für positive Zukunftsaussichten für digitale TV-Anbieter wie Netflix. So meint auch Medienforscher Klaus Goldhammer: *»Die Zahlungsbereitschaft bei den Zuschauern wird sogar noch größer werden, weil jetzt die Angebote da sind. «*[364] Um diese allerdings dann auch speziell für sich zu gewinnen, muss Netflix mehr Angebote liefern. Maxdome mit dem breitesten Angebot von rund 50. 000 Filmen und Serien oder Amazon mit einem mehrwert-liefernden Bundling-Angebot haben bis lang eine größere Strahlkraft: *»Netflix an sich (...) hat sicherlich*

360 IP4, Z. 49-51.
361 IP1, Z. 64-70.
362 Vgl. Ambs (2015). o.S.
363 Vgl. ebenda.
364 Vgl. Die Welt online (2015), o.S.

in Deutschland nicht die Zugkraft wie im internationalen Kontext. Da sind eher Amazon Prime Instant Video und maxdome zu nennen. Maxdome ist nach wie vor in Deutschland die relevanteste Plattform. «[365]

Und obwohl Netflix schon aktiv versucht, sich durch verschiedene USPs wie die extrem hohe Personalisierbarkeit, die Exklusivität der Inhalte und das Empfehlungsmanagement innerhalb der Accounts der Nutzer von der Konkurrenz abzuheben, wird anhand der Aussagen der Experten genauso wie schon in der durchgeführten Blue-Ocean-Analyse deutlich, dass es noch einige Defizite gibt, die die sofortige Marktübernahme in Deutschland verhindern.

Auf Basis des vorangegangenen theoretischen Teils und der empirischen Untersuchung können nun im nächsten Kapitel Handlungsempfehlungen für die unterschiedlichen Akteure gegeben werden.

6. 3 Handlungsempfehlungen

Die durchgeführte empirische Untersuchung anhand qualitativer Experteninterviews hat in Bezug zu unterschiedlichen Bereichen der deutschen TV-Landschaft Aufschluss über die aktuelle Situation, die momentane Entwicklungsrichtung und strategische Handlungsausrichtungen sowie mögliche Zukunftsperspektiven gegeben.

Der aktuell sehr konservative Markt und auch das eher traditionelle Nutzungsverhalten deutscher Fernsehschauer ändern sich zunehmend. Auch wenn der deutsche Markt im internationalen Vergleich noch weit von einer breiten digitalen Fernsehlandschaft entfernt ist, gibt es immer mehr Anzeichen einer Evolution diesbezüglich. Im Zuge dessen merkt ein Interviewpartner noch einmal an: *»(...) das ist eine Evolution, keine Revolution«.* [366] Ziel aller betroffenen Akteure muss es also sein, den Wandel auch als solchen zu sehen und zu versuchen, sich anzupassen und mitzugehen, anstatt sich mit aller Kraft dagegen zu wehren.

Grundsätzlich wurden innerhalb der Auswertung immer drei Perspektiven innerhalb der Film- und Fernsehindustrie eingenommen: klassische TV-Anbieter, digitale TV-Anbieter und Distributoren bzw. Inhalte-Anbieter. Auf Basis dieser Ergebnisse und der in den vorherigen Kapiteln bereits

365 Vgl. IP4, Z. 56-59.
366 IP5, Z. 113.

beschriebenen strategischen Ausrichtungsmöglichkeiten können nun im nachfolgenden Abschnitt Handlungsempfehlungen für alle drei Bereiche gegeben werden.

6. 3. 1 Klassische TV-Anbieter

Klassische TV-Anbieter müssen sich im digitalen Wandeln vor allem auf zwei Bereiche konzentrieren: veränderte Programmgestaltung und erweiterte Geschäftsmodelle. Das heißt, es müssen sowohl intern innerhalb der linearen Fernsehstrukturen mehr Leute erreicht werden als auch extern durch die Hinzunahme non-linearer Geschäftsmodelle.

Da die größten Abwanderer des linearen Fernsehens die junge Zielgruppe zwischen 14 und 29 Jahren sind,[367] müssen vor allem hier die Programmmacher der großen Sendergruppen Lösungen finden, um auch die heranwachsende Generation langfristig zu binden.

Guillaume de Posch, ehemaliger Vorstandsvorsitzender der ProSiebenSat. 1 Media AG und aktuelles Mitglied des Vorstandes der RTL-Gruppe sieht in diesem Zusammenhang drei konkrete strategische Ansätze, die auch im Kontext dieser Arbeit als Handlungsempfehlungen herangezogen werden können:

1. Stärkung des klassischen TV-Bereichs:

Um die traditionellen Strukturen und Märkte zu schützen und langfristig zu erhalten, müssen sich die Anbieter auf ihre Kernkompetenzen konzentrieren und sich so als relevante Inhalte-Anbieter im europäischen Markt etablieren. Besonders Eigenproduktionen und Programme mit langjähriger Tradition sind Inhalte, die die Zuschauer nach wie vor begeistern und an die Sender binden. [368] Hierzu zählen vor allem, wie schon in der Auswertung beschrieben, Flaggschiff-Programme mit Strahlkraft, die durch eine Event-Programmierung vermarktet werden können. Darunter fallen Sendungen wie »Germany's Next Topmodel« und »Deutschland sucht den Superstar«[369] oder auch Programme wie Tatort, die nach wie vor hohe Einschaltquoten erzielen. [370]

---

367 AGF (2014), o.S.

368 Vgl. De Posch & Englert (2008), S. 165.

369 Vgl. IP3, Z.84-89.

370 IP4, Z.80-85.

2. Erschließung neuer Erlösquellen:
Der Ausbau neuer Medien und die dadurch bedingte Diversifikation des traditionellen Geschäftsmodelles sind ein unumgänglicher Schritt in Zeiten des digitalen Wandels. Durch die Expansion in neue Geschäftsfelder und die Erweiterung von Erlösquellen wird nicht nur das Risikopotenzial gesenkt, sondern es können auch Ressourcen und Inhalte durch Synergieeffekte effizienter genutzt werden. [371] Eine konkrete Maßnahme in diesem Zusammenhang ist die Integration von sogenannten Catch-Up-Diensten. Diese dienen dazu, das bereits gezeigte Programm noch einmal digital aufzubereiten und so den Zuschauern die Möglichkeit zu geben, Inhalte, die sie verpasst haben nachträglich zu schauen. Das bestätigt auch ein befragter Experte: *»Also ich glaube, dass die Free-TV Sender zum Beispiel stark daran arbeiten müssen, dass sie über Catch-Up-Dienste, über unter Umständen angeschlossene SVoD-Dienste ihr Programm auch zeitversetzt und (...) auch on-demand verfügbar machen, was sie linear ausstrahlen. Um eben mitzuhalten (...). «*[372] Ein bereits erfolgsversprechender Catch-Up-Dienst ist in diesem Zusammenhang zum Beispiel die Mediathek des RTL-Gruppe unter dem Namen »RTL Now«. Über diesen Dienst können alle Inhalte des laufenden und des bereits archivierten Programmen kostenlos oder in einigen Fällen gegen Bezahlung rezipiert werden.
3. Multimediale Verbreitung von Inhalten:
Neben den strategischen Ansätzen müssen die Unternehmen auch technisch in der Lage sein, ihre Inhalte multimedial zu verbreiten. Hierzu müssen technologische Plattformen höchsten Standards aufgebaut werden, die den Nutzern nicht nur Inhalte bieten, sondern die zudem einen hohen Grad an Bedienbarkeit und Usability aufweisen. Ein Best-Practice Exempel ist auch in diesem Fall der Catch-Up-Service »RTL Now«, der alle verfügbaren Dienstleistungen auch über eine App verfügbar macht, sodass alle Kunden auch mobil erreicht werden können. [373] Die grundsätzliche zukunftsweisende Handlungsempfehlung für klassische TV-Anbieter lautet demnach also Delinearisierung. Es reicht nicht mehr, Inhalte nur noch linear verfügbar zu machen. Sie müssen über sämtliche Plattformen verbreitet werden, um so nach wie vor die breite Zielgruppe zu erreichen. Hierbei geht es nicht um den Austausch linearer Verbreitungswege durch digitale Plattformen, sondern mehr um die Nutzung vorhandener Ressourcen in di-

---

371 Vgl. De Posch & Englert (2008), S. 166.
372 IP5, Z. 117-121.
373 RTL Now (2015), o.S.

versifizierten Modellen, um möglichst profitabel am Markt bestehen zu bleiben[374] und mögliche Verluste aus anderen Bereichen wie zum Beispiel der Werbung zu kompensieren. [375]

6. 3. 1 Digitale TV-Anbieter

Aufgrund des starken Wettbewerbsumfelds und den eher niedrigen Austrittsbarrieren für Kunden durch nicht vorhandene oder sehr kurze Kündigungsfristen müssen auch die digitalen TV-Anbieter sich kontinuierlich weiterentwickeln und daran arbeiten, sich in einem umstrittenen Markt eine Vorreiterfunktion zu verschaffen. Auf Basis der vorangegangenen empirischen Untersuchung sowie einer Studie und eines wissenschaftlichen Aufsatzes der Wirtschaftsprüfungsgesellschaft Deloitte können für diese Anbieter drei konkrete Handlungsempfehlungen gegeben werden, um sich im Zuge des digitalen Vormarschs auch im deutschen Markt standfester zu implementieren und so langfristig wettbewerbsfähig zu sein.
1. Usability:
Durch die technische und digitale Entwicklung der letzten Jahre sind die Möglichkeiten an Bedienungs- und Nutzungshilfen innerhalb einer digitalen TV-Plattform um ein Vielfaches gewachsen. Der Abruf über unterschiedliche Geräte und eine übersichtliche grafische Darstellung der jeweiligen Webseite gehören schon lange zum Standard. Dennoch müssen die Anbieter kontinuierlich daran arbeiten, häufig auftretende Fehler wie lange Wartezeiten beim Laden von Inhalten, Systemabbrüche oder auch Qualitätsabbrüche durch Serverüberlastungen zu eliminieren. [376]

Neben der technischen Bedienbarkeit spielt auch die Personalisierbarkeit der Inhalte im Bereich der Usability eine große Rolle. Vorreiter in diesem Bereich ist das Fallbeispiel dieser Arbeit Netflix. Durch das Sammeln und Verwerten von Daten kann es spezifische Nutzungspräferenzen ihrer Nutzer evaluieren und auf Basis dessen exakte Empfehlungen für die Nutzer abgeben. So wird eine Beziehung zum Endkunden aufgebaut, die für beide Seiten profitabel ist: Die Nutzer erhalten maßgeschneiderte, individuelle Programmpläne, die genau ihren Interessen und Vorlieben entsprechen. Die Inhalte-Anbieter erhalten ein genaues Bild der Nutzungspräfe-

---

374 Vgl. De Posch & Englert (2008), S. 167.
375 Vgl. Woldt (2013), S. 115.
376 Vgl. Woldt (2013), S. 123.

renzen innerhalb des jeweiligen Marktes und können so die Auswahl ihrer Produktionen und Zukäufe von Inhalten gezielt anpassen. [377]

2. Qualität:
Auch die Qualitätsansprüche der Nutzer sind mit den steigenden technischen Möglichkeiten gestiegen. Diese Ansprüche beziehen sich nicht nur auf die technische Bereitstellung in Form von SD oder HD, sondern auch auf die inhaltliche Qualität und den Aufwand, der für die Produktion betrieben wurde. [378]

Neben Eigenproduktionen ist es auch bei Zukäufen relevant, auf diese Qualitätsfaktoren zu achten. Durch exklusive Partnerschaften, zum Beispiel durch Output-Deals mit den großen Major Studios, können nicht nur leichter exklusive Inhalte in exklusiven Verwertungsfenstern erworben werden, sondern auch zielgruppenspezifische Programme mit hohen Qualitätsstandards zur Verfügung gestellt werden. [379]

3. Bundling-Maßnahmen:
Aufgrund der Vielzahl an Wettbewerbern wird es immer wichtiger, sich durch gezielt eingesetzte Mehrwerte von der Konkurrenz abzuheben. Hierbei ist vor allem die Bereitstellung von Angebotspaketen relevant. Möglichkeiten hierbei sind sowohl der Zusammenstellung von Paketen innerhalb der Inhalte durch »TV Series Boxsets«, die in den vorangegangenen Kapiteln schon beschrieben wurden oder Pakete mit zusätzlichen Angeboten neben dem eigentlichen Abo- oder Filmverleihgeschäft.

Netflix hat sich mit diesen »TV Series Boxsets« und somit der Möglichkeit, alle Folgen einer Serie gleichzeitig bzw. direkt hintereinander zu schauen, ohne dass eine künstliche Pause zwischen den Folgen eintritt,[380] einen klaren Vorteil gegenüber seiner Konkurrenz geschaffen.

Ein weiteres bereits angesprochenes, aber dennoch wesentliches Praxisbeispiel, das zu Teilen leicht übertragbar oder in ähnlicher Form auch in anderen Unternehmen anwendbar ist, ist das breite Abonnement-Portfolio von Amazon Prime Instant Video. Durch die Kombination einer SVoD-Plattform, der vergünstigten Lieferbedingungen innerhalb des Online-Versandes, des Cloud Drive mit einem unbegrenzten Speicherplatz für Fotos und des DVD-Versands über die Amazon-Marke Lovefilm[381] bietet Ama-

377 Vgl. Deloitte (2007), S. 28.
378 Vgl. IP3, Z. 45-50.
379 Vgl. Deloitte (2007), S. 28.
380 Vgl. Kühl (2014), o.S.
381 Vgl. Amazon.de (2015), o.S.

zon seinen Kunden einen enormen Mehrwert, für den Kunden bereit sind einen monatlichen Festpreis zu zahlen.

Digitale Anbieter müssen somit vor allem im Bereich der Qualität, des Mehrwertes und der Nutzung der jeweiligen Plattform ansetzen, um die Kunden langfristig zu binden. Wichtig hierbei ist es, durch die genannten Aspekte eine Beziehung zum Kunden aufzubauen, die dazu führt, dass die generell niedrigen Austrittsbarrieren wachsen und die Kundenfluktuation so abnimmt.

6. 3. 3 Filmdistributoren

Filmdistributoren leben von der Gewinnmaximierung durch die effiziente Nutzung und Anordnung aller Verwertungsfenster entlang der Verwertungskette. Diese Art der Umsatz- und Gewinngenerierung wird durch die voranschreitende Digitalisierung und die damit einhergehende Verkürzung der Verwertungsfenster immer schwieriger umzusetzen. Auf Basis dieser Annahmen können drei Handlungsempfehlungen gegeben werden:

1. Einordnung neuer Parameter:

Traditionelle Lizenzvereinbarungen der analogen Welt sind von unterschiedlichen Parametern abhängig: Umfang der Rechte, Laufzeit, Grad der Alleinstellung und die technische Bereitstellung. Durch den Transfer in die digitale Medienwelt kommen neue Parameter hinzu, die von den Filmdistributoren berücksichtigt werden müssen:

- Frage nach dem Geschäftsmodell des jeweiligen Rechteeinkäufers
- Ökonomische Attraktivität des Rechteeinkäufers
- Einordnung in die allgemeine Verwertungskette
- Grundsätzliche Klärung der eingesetzten technischen Lösungen der Rechteeinkäufer zur Bereitstellung der Inhalte[382]

Die neu hinzugekommenen Parameter tragen zwar zunehmend zu der Komplexität des Rechte- und Lizenzhandels bei, sind jedoch durch die immer neu auftretenden Angebotsformen unumgänglich.

Besonders die ökonomische Attraktivität des jeweiligen Rechtekäufers muss hierbei in Betracht gezogen werden. Durch das Auftreten neuer Plattformen müssen sich Filmdistributoren verstärkt die Frage stellen, was sie wann wem verkaufen. Klassische TV-Anbieter dürfen auf der einen

382 Vgl. Bossert (2008), S. 224.

Seite als langjährige Kunden nicht verschmäht werden, es dürfen aber trotzdem die wirtschaftlichen Faktoren wie das Ziel der Gewinnmaximierung durch die Erreichung von bestmöglichen Preisen nicht außer Acht gelassen werden.

Hierbei spielt somit auch die bereits in der Auswertung angesprochene Unterstützung der bestehenden Marktteilnehmer eine entscheidende Rolle zur Erhaltung der Verwertungsstrukturen. Die Symbiose zwischen den einzelnen Verwertungsfenstern muss auch trotz neuer Parameter aufrechterhalten werden, um eine für die Filmdistributoren gewünschte Gewinnmaximierung zu erreichen. Dazu sind eine effiziente Anordnung und dadurch erzielte Verbundeffekte aller beteiligten Verwertungsstufen von großer Bedeutung. Jedes Fenster soll im Sinne des Spill-Over-Effektes sowohl seinem Vorgänger als auch seinem Nachfolger helfen, den größtmöglichen Umsatz zu erreichen. [383]

2. Anpassung der Preisstrukturen:

Im Zuge der Einordung neuer Parameter in den Handel von Lizenzen müssen demzufolge auch die bisherigen Preisstrukturen angepasst werden. Durch die Verschiebung der Verwertungsfenster und die eventuelle Verknappung traditioneller Plattformen müssen Filmdistributoren ihre Preisstrukturen dahingehend anpassen, damit dieser Wandel keine Gewinneinbußen zur Folge hat. [384]

Eine konkrete Möglichkeit hier wäre es neben der simplen Preiserhöhung pro Lizenzvergabe, fragmentiertere Preisstaffelungen einzuführen. So könnten zum Beispiel nicht nur nach Ausstrahlungszeitpunkt und Exklusivität unterschieden werden, sondern auch nach Qualität und abgenommener Menge.

3. Re-Lizensierungen:

Um die bestmögliche Auswertung der Inhalte und somit die Amortisation der Produktionskosten beizubehalten, müssen Filmdistributoren versuchen, ein potenzielles Ende der klassischen Verwertungskette so weit wie möglich nach hinten zu verschieben. Dabei können strategisch gut eingesetzte Re-Lizensierungen, das heißt gut genutzte Verwertungszeiträume nach den ersten großen Verwertungsstufen helfen. Durch die Fragmentierung der einzelnen Sendeplätze und das vielgliedrige System an Inhalte-Käufern kann durch eine sogenannte »Long Tail«-Vermarktung ein lang-

---

383 Vgl. Aaronson (2007), o.S.

384 Vgl. IP3, Z. 51-56.

fristiges Einspielen der Produktionskosten erzielt werden. Dazu müssen nur besonders kurze Holdback-Phasen eingehalten werden, um die Attraktivität des Inhaltes auch in der nächsten Stufe beizubehalten. [385]

So könnte zum Beispiel durch eine Art Event-Programmierung anlässlich bestimmter Jubiläen oder Veranstaltungen in der Zeitgeschichte thematisch passende Produktbündel angeboten werden und so durch die Ausnutzung des Archivs ein reiner Gewinn erzielt werden. Ein aktueller Anlass wäre zum Beispiel das 25-jährige Jubiläum des Berliner Mauerfalls im November 2014, in dessen Zusammenhang Programmbündel mit Dokumentationen und Filme verkauft werden könnten.

Die filmverwertenden Unternehmen müssen also mit viel Kreativität und wirtschaftlichem Denken die Migration des neues Fernsehkonsums innerhalb der traditionellen Strukturen verankern, ohne dabei ihre Kernkompetenzen außer Acht zu lassen.

---

385 Vgl. Bossert (2008), S. 230.

7. Fazit

Die vorliegende Arbeit sowie die empirische Untersuchung haben sich generell mit dem digitalen Wandel in der Medienindustrie und im Speziellen dessen Einfluss auf die deutsche Filmdistribution befasst. Dabei wurde der Fokus vor allem auf drei unterschiedliche Akteure gelegt: klassische, eher analoge TV-Anbieter, digitale TV-Anbieter sowie Inhalte-Anbieter oder Filmdistributoren, die für die Vertrieb von Rechten und Lizenzen verantwortlich sind.

Dazu wurden zunächst der deutsche Film- und Fernsehmarkt und seine spezifischen Strukturen beleuchtet und die darin enthaltenden Konstrukte der Filmdistribution, immer vor dem Hintergrund des digitalen Fortschritts, erläutert. Auf Basis dessen und der darauffolgenden empirischen Untersuchung konnten konkrete strategische Neu-ausrichtungen für die jeweiligen Akteure generiert werden. Diese bildeten dann die Grundlage zur Ableitung konkreter Handlungsempfehlungen.

Klassische TV-Anbieter müssen sich im Zuge der Digitalisierung vor allem einem bestimmten Credo widmen: Delinearisierung. Eine einfache, lineare Verbreitung reicht nicht mehr aus und muss durch crossmediale, diversifizierte Geschäftsmodelle ersetzt werden.

Digitale TV-Anbieter hingegen müssen sich auf ihre bis dato erlangten Kernkompetenzen stützen und Bereiche wie Qualitätsaspekte, die Schaffung von Mehrwerten und verbesserte Nutzungsbedingungen fokussieren, um langfristig Kunden zu binden.

Filmdistributoren muss es vermehrt daran gelegen sein, die neuen Strukturen des Fernsehkonsums in ihre tradierten Abläufe zu integrieren und so, ohne Vernachlässigung der wirtschaftlichen Aspekte, ein zukunftsweisendes Rechte- und Lizenzhandel-Modell zu etablieren.

Grundsätzlich birgt die Digitalisierung in Bezug zur Filmdistribution in Deutschland eine Vielzahl von Chancen, die durch gezielte Maßnahmen positiv in den unterschiedlichen Geschäftsmodellen implementiert werden können. Dennoch birgt dieser Strukturwandel auch Herausforderungen die adaptiert und unternehmensspezifisch angepasst werden müssen, um nicht den Anschluss im intensiven Wettbewerbsumfeld zu verlieren – derjenige, der das am besten umsetzt, wird sich auch in Zukunft am deutschen Film- und Fernsehmarkt behaupten können.

Literaturverzeichnis

Aaronson, J. (2007): Multichannel Marketing - Channibalism?, verfügbar unter: clickz.com/showPage.html?page=clickz_print&id=2205571, zuletzt aufgerufen am 17. November, 2014.

AGF (2014): Junge Zielgruppen folgen dem TV-Content ins Netz, verfügbar unter: https://www.agf.de/agf/presse/?name=pm_17122014, zuletzt aufgerufen am 14. Februar 2015.

ALM Jahrbuch (2014): ALM Jahrbuch 2013-2014, verfügbar unter: www.die-medienanstalten.de/fileadmin/Download/Publikationen/ALM-Jahrbuch/Jahrbuch_ 2014/Jahrbuch_2013-14_Druckversion.pdf, VISTAS Verlag GmbH, Berlin, 2014.

Amazon.de (2015): Amazon Prime, verfügbar unter: amazon.de/gp/prime/pipeline/landing?ie=UTF8&ref_=footer_prime, zuletzt aufgerufen am 09. Februar 2015.

Ambs, J. (2015): Netflix: Ein Rückblick auf den Deutschland-Start und eine Zukunftsprognose für den Streaming-Riesen, der den TV-Markt nachhaltig verändern wird, ver-fügbar unter: trendblog.euronics.de/spiele-konsolen-film-musik/netflix-ein-rueckblick-auf-den-deutschland-start-und-eine-zukunftsprognose-fuer-den-streaming-riesen-der-den-tv-markt-nachhaltig-veraendern-wird-23741/, zuletzt aufgerufen am 13. Februar 2015.

Anderson, C. (ohne Datum): About Me, verfügbar unter: www.thelongtail.com/about.html, zuletzt aufgerufen am 13. Januar 2015.

Anderson, C. (2006): The Long Tail - Der lange Schwanz, 1. Auflage, Carl Hanser Verlag, München, 2006.

Apfel & Hampel (2013): Von der 0 zur 1: Ein Statusbericht zum digitalen Wandel im TV, Meininger Verlag GmbH, Neustadt an der Weinstraße, 2013.

ARD-ZDF-Onlinestudie (2014): Mediennutzung, verfügbar unter: www.ard-zdf-onlinestudie.de,/index.php?id=483, zuletzt aufgerufen am 02. Februar 2015.

Bitkom (2015): Markt für Online-Videotheken wächst rasant, verfügbar unter: www.bitkom.org/de/presse/ 8477_81227.aspx, zuletzt aufgerufen am 09. Februar 2015.

Blickpunkt:Film (2014): Blickpunkt:Film, Nr. 48/14, 39. Jahrgang, erschienen am 24. November 2014.

Böhm, A. (2013): Theoretisches Codieren: Textanalyse in der Grounded Theory. In: U. Flick, E. von Kardorff & I. Steinke (Hrsg.). Qualitative Forschung- Ein Handbuch (S. 475 - 484), Rowohlt Taschenbuch Verlag GmbH, Reinbek bei Hamburg, 2013.

Bossert, H. (2008): Rechte als Treibstoff der digitalen Medienwelt, In: Kaumanns et al. (2008): Auslaufmodell Fernsehen? Perspektiven des TV in der digitalen Medienwelt, GWV Fachverlage, Wiesbaden, 2008.

Brehm, W. (2008): Filmrecht – Das Handbuch für die Praxis, 2. überarbeitete Auflage, Konstanz, UVK Verlagsgesellschaft mbH, 2008.

Buhse, W. (2014): Management by Internet. Neue Führungsmodelle für Unternehmen in Zeiten der digitalen Transformation, Börsenmedien AG, Kulmbach, 2014.

Busch, U. (2014): Jung von Matt bewirbt Netflix-Start, verfügbar unter: www.wuv.de/agenturen/jung_von_matt_bewirbt_netflix_start, zuletzt aufgerufen am 12. Dezember 2014.

Bühler, M. (2009): Marktanalyse des Video on Demand Marktes in Deutschland. Aussichten und Potentiale, Diplomica Verlag GmbH, Hamburg, 2009.

Chan Kim & Mauborgne (2005): Der blaue Ozean als Strategie. Wie man Märkte schafft wo es keine Konkurrenz gibt, Carl Hanser Verlag, München, 2005.

Chip (2015): Netflix: In zwei Jahren in 200 Ländern verfügbar, verfügbar unter: chip.de/news/Netflix-In-zwei-Jahren-in-200-Laendern-verfuegbar_76284910.html, zuletzt aufgerufen am 14. Februar 2015.

Deloitte (2007): Next Generation TV, verfügbar unter: deloitte.com/assets/Dcom-Germany/Local%20Assets/Documents/de_TMT_R_NextGenTV_231007.pdf, zuletzt aufgerufen am 14. Februar 2015.

Deloitte (2014): Television's business model. Fit for a digital world, verfügbar unter: deloitte.com/content/dam/Deloitte/global/Documents/Technology-Media-Telecommunications/gx-tmt-ibc-report-2014.pdf, zuletzt aufgerufen am 27. Januar 2015.

Deloitte (2015): Technology, Media & Telecommunications Predictions 2015, verfügbar unter: deloitte.co.uk/tmtpredictions/uploads/downloads/Deloitte-TMT-Predictions-2015.pdf, zuletzt aufgerufen am 27. Januar 2015.

Denger & Wirtz (1995): Innovatives Wissensmanagement und Multimedia, in: Gablers Magazin, 9. Jg., Nr. 3, 1995, S. 20-24.

De Posch & Englert (2008): Zukunft Fernsehen – Content ist King Kong, S. 165-172, In: Kaumanns et al. (2008): Auslaufmodell Fernsehen? Perspektiven des TV in der digi-talen Medienwelt, GWV Fachverlage, Wiesbaden, 2008.

Die Welt online (2015): Preise für Pay TV dürften bald wieder steigen, verfügbar unter: welt.de/wirtschaft/webwelt/article136604199/Preise-fuer-Pay-TV-duerften-bald-wieder-steigen.html, zuletzt aufgerufen am 13. Februar 2015.

Digitalfernsehen.de (2015): Deutscher Video-on-Demand-Markt wächst um 42 Prozent, verfügbar unter: digitalfernsehen.de/Deutscher-Video-on-Demand-Markt-waechst-um-42-Prozent.123976.0.html, zuletzt aufgerufen am 08. Februar 2015.

Digital Research TV (2014): 11,3 Millionen deutsche Netflix-Kunden im Jahr 2020?, verfügbar unter: de.statista.com/infografik/2845/prognose-zur-anzahl-der-netflix-streaming-abonnenten/, zuletzt aufgerufen am 02. November 2014.

Dilger, M. (2000): Grounded Theory. Ein Überblick über ihre charakteristischen Merkmale. www.martin-dilger.de/science/grounded_theory.pdf, zuletzt aufgerufen am 02. Januar 2015.

Dördrechter, N. (2006): Piraterie in der Filmindustrie – Eine Untersuchung der Gründe für Filmpiraterie und deren Auswirkung auf das Konsumverhalten, 1. Auflage, Wiesba-den, Deutscher Universitätsverlag, 2006.

Dressler, N. (2014): Netflix kündet drei neue Eigenproduktionen für 2015 an, verfügbar unter: winfuture.de/news,84241.html, zuletzt aufgerufen am 17. November 2014.

Dresing & Pehl (2013): Praxisbuch - Interview, Transkription & Analyse Anleitung und Regelsysteme für qualitativ Forschende, 5. Auflage, Eigenverlag, 2013.

Faulstich, W. (2004): Grundwissen Medien. 5. Auflage, Fink Verlag, München, 2004.

Faßler, M. (1997): Was ist Kommunikation?, Fink Verlag, München, 1997.

Fichter, A. (2014): Netflix. Da! Schau! Her!, verfügbar unter: zeit.de/2014/45/netflix-internet-fernsehen-online, zuletzt aufgerufen am 03. Dezember 2014.

Focus (2014): Marktanteile der Online-Videotheken in Deutschland im 1. Halbjahr 2014, in: Focus Nr. 37, 08.09.2014, S. 163.

Focus online (2014): Zattoo, Magine, Mediatheken: Kostenlos TV im Internet schauen, verfügbar unter: www.focus.de/digital/tv-streaming-zattoo-magine-und-co-kostenlos-tv-im-internet-chauen_id_4230167.html, zuletzt aufgerufen am 09. Februar 2015.

Friedrichsen, M. (2004): Digitalisierung des Fernsehens und Konvergenz am Beispiel Pay-TV. In: M. Friedrichsen, Kommerz - Kommunikation - Konsum. Zur Zukunft des Fernsehens (S. 89-106), Nomos-Verlag, Baden-Baden, 2004.

Friedrichsen et al. (2006): Die Zukunft des Fernsehens: Telekommunikation als Massenmedium. Die Verschmelzung der TIME-Industrien auf einer Home Entertainment Plattform: Geschäftsmodelle und Schutzmechanismen für neue Fernseh-Dienste, Band 2, Verlag Reinhard Fischer, München, 2006.

Fritsch, C. (2010): Angebotsstrategien in Breitbandfernsehmärkten. Eine mikroökonomische Analyse, 1. Auflage, in: Friedrichsen, M. (2010): Schriften zur Medienwirtschaft und zum Medienmanagement, Band 28, Nomos Verlagsgesellschaft, Baden-Baden, 2010.

Fritz, B. (2011): Netflix confirms deal to offer original content, veröffentlicht in: Los An-geles Times, verfügbar unter: articles.latimes.com/2011/mar/19/business/la-fi-ct-netflix-house-20110319, zuletzt aufgerufen am 17. November 2014.

Glockseisen, L. (2013): Piraterie in der Filmindustrie - Die Auswirkungen von Piraterie auf die Filmverwertungskette in Deutschland: Mit Ausblick auf mögliche Entwicklungen in der Zukunft, 1. Auflage, Grin Verlag, Norderstedt, 2013.

Goldmedia (2014 a): VOD Forecast 2018, verfügbar unter: www.goldmedia.com/presse/newsroom/vod-forecast-2018.html, zuletzt aufgerufen am 08. Dezember 2014.

Goldmedia (2014 b): Video-on-Demand Markt in Deutschland bis 2018 - Big Player Scenario: Gesamtvolumen von 449 Mio. Euro, verfügbar unter: www.goldmedia.com/uploads/media/140131-Goldmedia-VoD-Forecast-2007-2018-Big-Player-Szenario_Web_big.gif, zuletzt aufgerufen am 17. Januar 2015.

Gühne, K. (2010): Video, Download, Mobile & Co.: Konkurrenz oder Partner der Filmtheater?, Vortrag lokaler Wirtschaftsverein, Mai 2010, verfügbar unter:
www.youtube.com/watch?v=FPtzvpRtyLw,
www.youtube.com/watch?v=3hg_SMKM22U,
www.youtube.com/watch?v=CjjP-Na2I5 s,
www.youtube.com/watch?v=MCdQogeUq8 c,
www.youtube.com/watch?v=0ymllZ9AvOs,
www.youtube.com/watch?v=V1NcUZ9A_Tg, zuletzt aufgerufen am 17. November 2014.

Greif, B. (2014): Alle Sky-Kunden erhalten Sky Go jetzt kostenlos, verfügbar unter: www.zdnet.de/88190506/alle-sky-kunden-erhalten-sky-go-ab-sofort-kostenlos/, zuletzt aufgerufen am 03. Dezember 2014.

Handelsblatt.com (2014): Unternehmensprofil Netflix, verfügbar unter: finanzen.hande lsblatt.com/aktien_einzelkurs_uebersicht.htn?i=9428482, zuletzt aufgerufen am 17. November 2014.

Handelsblatt.com (2015): Videodienst gewinnt Millionen neue Kunden, verfügbar unter: handelsblatt.com/unternehmen/it-medien/netflix-videodienst-gewinnt-millionen -neue-kunden/11257808.html, zuletzt aufgerufen am 25. Januar 2015.

Hartlmeier, B. (2014): Netflix naht, verfügbar unter: www. chip.de/artikel/Netflix-Deu tschland-Start-Preis-Kosten_72210454.html, zuletzt aufgerufen am 03. Dezember 2014.

Haunerdinger & Probst (2008): BWL leicht gemacht. Die wichtigsten Instrumente und Methoden zur Unternehmensführung, 1. Auflage, Redline Wirtschaft, FinanzBuch Verlag GmbH, München.

Hecking, M. (2014): Vivendi prüft Verkauf von deutschem Hoffnungsträger Watchever, verfügbar unter: www.manager-magazin.de/unternehmen/it/vor-deutschem-netf lix-start-vivendi-will-offenbar-watchever-verkaufen-a-974560.html, zuletzt aufgerufen am 03. Dezember 2014.

Hess, T. et al (2006): Grundfragen der Medienwirtschaft: Eine betriebswirtschaftliche Einführung, 3. Auflage, Springer Verlag, 2006.

Hess & Walter (2005): Content-Intermediation - Konzept und Anwendungsgebiet. Arbeitsbericht Nr. 5 . Institut für Wirtschaftsinformatik und Neue Medien der Ludwig-Maximilians-Universität München, 2005.

Heyman, S. (2015): Netflix Taps Into a Growing International Market, verfügbar unter: nytimes.com/2015/02/12/arts/international/netflix-taps-into-a-growing-international -market.html, zuletzt aufgerufen am 04. Februar 2015.

Hopf, C. (2013): Qualitative Interviews – ein Überblick. In U. Flick, E. von Kardorff & I. Steinke (Hrsg.). Qualitative Forschung- Ein Handbuch (S. 349 - 360), Rowohlt Taschen-buch Verlag GmbH, Reinbek bei Hamburg, 2013.

Horizont online (2014): Bewegtbild ist König, verfügbar unter: www.horizont.at/home /detail/bewegtbild-ist-koenig.html, zuletzt aufgerufen am 06. November 2014.

House of Research (2013): Der VoD-Markt Deutschland. Fakten und Einschätzungen zur Entwicklung von Video-on-Demand, verfügbar unter: recoupmentpro.de/filead min/filmwerte/docs/VoD-Markt_Deutschland _2013_Bericht.pdf, zuletzt aufgerufen am 06. November 2014.

Huber, J. (2014): Starkes Wachstum beim Pay-TV, verfügbar unter: www.tagesspiegel. de/medien/fernsehen-darf-auch-mehr-kosten-starkes-wachstum-beim-paytv/101707 72.html, zuletzt aufgerufen am 04. Februar 2015.

IfM (2012): Internationale Medienkonzerne: Netflix, verfügbar unter: www.mediadb.e u/datenbanken/int-medienkonzerne-2012/netflix.html, zuletzt auf-gerufen am 13. November 2014.

IP Network (2014 a): Television Keyfacts 2014, Country by Country, Germany, RTL Group, o.O., 2014.

IP Network (2014): Television Keyfacts 2014, Country by Country, United Kingdom, RTL Group, o.O., 2014.

IPTV-Anbieter (2014 a): Übersicht WebTV-Sender im Internet, verfügbar unter: www.iptv-anbieter.info/webtv-sender.html, zuletzt aufgerufen am 06. November 2014.

IPTV-Anbieter (2014 b): IPTV-Sender, Programme, Dienste. Eine Übersicht, verfügbar unter: iptv-anbieter.info/iptv-sender.html, zuletzt aufgerufen am 06. November 2014.

IT Wissen (2014): Metadaten, verfügbar unter: www.itwissen.info/definition/lexikon/Metadaten-meta-data.html, zuletzt aufgerufen am 06. November 2014.

Jüttner, R. (2005): Die Zukunft der Filmindustrie im Zeitalter der Digitalisierung, Diplomica GmbH, Karlsruhe, 2005.

Kandzora, J. (2014): Streaming-Dienste im Vergleich: Wie gut ist Netflix?, verfügbar unter: augsburger-allgemeine.de/digital/Streaming-Dienste-im-Vergleich-Wie-gut-ist-Netflix-id31621682.html?view=print, zuletzt aufgerufen am 03. Dezember 2014.

Kanji, K. (2012 a): VODProfessional. Reporting from the Future of Television, verfügbar unter: vodprofessional.com/features/a-guide-to-pay-windows-for-tv-movies/, zuletzt aufgerufen am 21. November 2014.

Kanji, K. (2012 b): A Guide to Pay Windows for TV & Movies, verfügbar unter: www.vodprofessional.com/features/a-guide-to-pay-windows-for-tv-movies/, zuletzt aufgerufen am 21. November 2014.

Kaumanns et al. (Hrsg.) (2008): Auslaufmodell Fernsehen? Perspektiven des TV in der digitalen Medienwelt, GWV Fachverlage GmbH, Wiesbaden, 2008.

Prof. Dr. Kenning, P. (2014): Definition Distribution, verfügbar unter: wirtschaftslexikon.gabler.de/Definition/ distribution.html#head0, zuletzt aufgerufen am 03. Dezember 2014.

Köhler, L. (2013): Medienökonomie, Hochschule der Medien Stuttgart, Vorlesungsskript, 08. November 2013.

Kowal & O´Conelli (2013): Zur Transkription von Gesprächen. In U. Flick, E. von Kar-dorff & I. Steinke (Hrsg.). Qualitative Forschung- Ein Handbuch, 10. Auflage, S. 437–447, Rowohlt Taschenbuch Verlag GmbH, Reinbek bei Hamburg, 2013.

Krentel, C. (2008): Implikationen der Instant Gratifictaion These für die Multi-Channel Distribution der Filmwirtschaft, 1. Auflage, München, Grin Verlag, 2008.

Kreuzer, H. (2010): Film und Internet, über die Nutzung von Film- und Videocontent im Web 2,0, 1. Auflage, Hamburg, 2010.

Kuckartz, U. (2010): Einführung in die computergestützte Analyse qualitativer Daten. 3. Auflage. Wiesbaden: GWV Fachverlage.

Kühl, E. (2014): Netflix: Die Hoffnung der Serienjunkies, verfügbar unter: blog.zeit.de/netzfilmblog/2014/05/21/netflix-start-deutschland-streaming/, zuletzt aufgerufen am 04. Februar 2015.

Lambrecht, A. (2005): Tarifwahl bei Internetzugang, Deutscher Universitätsverlag, Wiesbaden, 2005.

Lincoln & Guba (1985): Naturalistic Inquiry. SAGE Publications, London, 1985.

Link, A. (2007): Video on Demand als Distributionskanal in der Spielfilmauswertung, Diplomica GmbH, Hamburg, 2007.

Luxem, R. (2001): Digital Commerce. Electronic Commerce mit digitalen Produkten, 2. Auflage, Josef Eul Verlag, Lohmar, 2001.

Mäkelä & Turcan (2007): Building grounded theory in entrepreneurship research. In Neergard, Nele; Ulhoi, John Pharm (Hrsg.): Handbook of Qualitative Research Methods in Entrepreneurship. Library of Congress Cataloguing in Publication Data, 2007.

Mann, F. (2010): Filmdistribution über internetbasierte Abrufdienste. Gestaltungsoptio-nen und intermediale Wechselwirkungen. epubli GmbH, Berlin, 2010.

Martens & Herfert (2013): Der Markt für Video-on-Demand in Deutschland, In: Media Perspektiven 2/2013, verfügbar unter: media-perspektiven.de/publikationen/fachzeit schrift/2013/artikel/der-markt-fuer-video-on-demand-in-deutschland/?tx_Frspublica tion_pi5%5Baction%5D=index&cHash=d37115ee17649e39c771ab7ffe63d05 a, zuletzt aufgerufen am 08. Februar 2015.

Mayring, P. (2007): Qualitative Inhaltsanalyse. Grundlagen & Techniken, 9. Auflage, Beltz Verlag, Weinheim, 2007.

Mertens et al. (2005): Grundzüge der Wirtschaftsinformatik, 9. Überarbeitete Auflag, Axel Springer, Berlin, 2005.

Miller & D'Orazio (2014): Sony is now offering The Interview online via YouTube, Xbox Video, and Google Play (update), verfügbar unter: theverge.com/ 2014/12/24/7423421/sony-the-interview-online-youtube-google, zuletzt aufgerufen am 06. Februar 2015.

Mohr, E.-C. (2012): Digitalisierung in der Kinobranche, 1. Auflage, Saarbrücken, Akademiker Verlag, 2012.

Netflix (2013): Annual Report, verfügbar unter: files.shareholder.com /downloads/NF LX/3629135555x0x748407/76a245dc-3314-401c-baba-ed229ca9145a/NFLX_AR. PDF, zuletzt aufgerufen am 13. November 2014.

Netflix (2014 a): Netflix Longterm View, verfügbar unter: ir.netflix. com/long-term-vie w.cfm, zuletzt aufgerufen am 13. November 2014.

Netflix (2014 b): A brief of the company that revolutionized watching of movies and TV shows, verfügbar unter: pr.netflix.com/WebClient /loginPageSalesNetWorks Action.do?contentGroupId=10477, zuletzt aufgerufen am 17. November 2014.

Netflix (2014 d): 53 Millionen Streaming via Netflix, verfügbar unter: de.statista.com/i nfografik/2951/anzahl-der-streaming-abonnenten-von-netflix-weltweit/, zuletzt aufgerufen am 17. November 2014.

Netflix (2014 d): Startseite Netflix, https://www.netflix.com/de/?nmrs=141806756710 9, zuletzt aufgerufen am 17. November 2014.

Netflix YouTube Kanal (2014 a): Netflix – Schnurrbart Ad Official, verfügbar unter: https://www.youtube.com/watch?v=cMlHiHLP5GI, zuletzt aufgerufen am 12. Dezember 2014.

Netflix YouTube Kanal (2014 b): Mama Ad Official, verfügbar unter: https://www.you tube.com/watch?v=7XT8SQKU_TY, zuletzt aufgerufen am 12. Dezember 2014.

Netflix YouTube Kanal (2014 c): Katze Ad Official, verfügbar unter: https://www.youtube.com/watch?v=jZwkjoK416U, zuletzt aufgerufen am 12. Dezember 2014.

Netflix YouTube Kanal (2014 d): Keller Ad Official, verfügbar unter: https://www.youtube.com/watch?v=x9FlEGr_2rY, zuletzt aufgerufen am 12. Dezember 2014.

Paukner, P. (2014): Tod eines Diktators, verfügbar unter: www.sueddeutsche.de/digital/hackerangriff-auf-sony-tod-eines-diktators-1.2246375, zuletzt aufgerufen am 06. Februar 2015.

Presse- und Informationsamt der Bundesregierung (2012): Pressemitteilung 385, Kulturstaatsminister Bernd Neumann: FFG-Novelle justiert Filmförderungsgesetz neu, vom 07.11.2012, Berlin, verfügbar unter: bundesregierung.de/ContentArchiv/DE/Archiv 17/Pressemitteilungen/BPA/2012/11/2012-11-07-bkm-ffg-novelle.html, zuletzt aufgerufen am 20. Januar 2015.

ProSieben Sat.1 (2015): Vision & Strategie, verfügbar unter: prosiebensat1.com/de/unternehmen/prosiebensat1-media-ag/vision-strategie, zuletzt aufgerufen am 23. Februar 2015.

Pross, H. (1972): Medienforschung, Habel Verlag, Darmstadt, 1972.

PwC (2013): German Entertainment and Media Outlook 2014-2018, verfügbar unter: pwc.de/de/technologie-medien-und-telekommunikation/german-entertainment-and-media-outlook-2013.jhtml#&panel1-1, zuletzt aufgerufen am 20. Ja-nuar 2015.

Recklies, D. (2014): Die SWOT-Analyse, verfügbar unter: themanagement.de/MD/SWOT.htm, zuletzt aufgerufen am 13. November 2014.

Rentz, I. (2014): Netflix. So wirbt der Streamingdienst in Deutschand, verfügbar unter: www.horizont.net/medien/nachrichten/Spot-Premiere-So-wirbt-Netflix-in-Deutschland-130421, zuletzt aufgerufen am 17. November 2014.

Riehl, K. (2014): Was Netflix für eine TV-Revolution in Deutschland braucht, verfügbar unter: www.sueddeutsche.de/digital/start-des-videoportals-was-netflix-fuer-eine-tv-revolution-in-deutschland-braucht-1.2130076, zuletzt aufgerufen am 17. November 2014.

RTL Now (2015): RTL Now App mit Livestream, verfügbar unter: rtl-now.rtl.de/hilfe_rtlnowapp.php, zuletzt aufgerufen am 14. Februar 2015.

Sigler, C. (2010): Online-Medienmanagement. Grundlagen - Konzepte - Herausforderungen. Mit Praxisbeispielen und Fallstudien, Gabler Verlag, Wiesbaden, 2010.

Prof. Dr. Sjurts, I. (2014): Definition Windowing, verfügbar unter: wirtschaftslexikon.gabler.de/Definition/windowing.html, zuletzt aufgerufen am 17. November 2014.

Statista (2014 a): Anzahl der durchschnittlich pro Haushalt empfangbaren TV-Sender in Deutschland in den Jahren 1988 bis 2014 (jeweils 1. Januar), verfügbar unter: de.statista.com/statistik/daten/studie/160407/umfrage/frei-empfangbare-tv-sender-in-deutschland-seit-1988/, zuletzt aufgerufen am 06. November 2014.

Statista (2014 b): 53 Millionen Streamen via Netflix, verfügbar unter: de.statista.com/infografik/2951/anzahl-der-streaming-abonnenten-von-netflix-weltweit/, zuletzt aufgerufen am 20. November 2014.

Stähler, P. (2002): Geschäftsmodelle in der digitalen Ökonomie. Merkmale, Strategien und Auswirkungen, 2. Auflage, Reihe: Electronic Commerce, Band 7, Josef Eul Verlag, Köln, 2002.

Stern.de (2014): Netflix in Deutschland gestartet, verfügbar unter: www.stern.de/digital/online/streaming-dienst-netflix-in-deutschland-gestartet-2138474.html, zuletzt aufgerufen am 02. November 2014.

Strauss & Corbin (1996): Grouned Theory - Grundlagen qualitativer Sozialforschung. Weinheim: Psychologie Verlag Union, 1996.

TLC Germany (2015): Ist Hyperpersonalisierung die Zukunft?, verfügbar unter: tlcmarketing.com/Market/de/Article/Post/Ist-Hyperpersonalisierung-die-Zukunft, zuletzt aufgerufen am 02. Februar 2015.

TNS Infratest (2014): Digitalisierungsbericht 2014, verfügbar unter: www.die-medienanstalten.de/fileadmi/Download/Publikationen/Digitalisierungsbericht2014/Digitalisierungsbericht_2014_Daten_und_Fakten.pdf, zuletzt aufgerufen am 02. Februar 2015.

Tomorrow Focus Media GmbH (2012): Social Trends - Unterhaltung im eigenen Zuhause, verfügbar unter: tomorrow-focusmedia.de/fileadmin/customer_files/public_files/downloads/angebote/TFM_SocialTrends_HomeEntertainment.pdf, zuletzt aufgerufen am 06. Dezember 2014.

Ulin, J. (2010): The Business of Media Distribution – Monetizing Film, TV and Video Content in an Online World, 1. Auflage, Oxford, Elsevier Inc., 2012.

Vogel, H. (2007): Entertainment Industry Economics: A guide for financial Analysis, 7. Auflage, Cambridge, 2007.

VPRT (2013): Pay-TV in Deutschland 2013, verfügbar unter: file:/// C:/Users/lglockseisen/Downloads/2013_06_20_VPRT_PayTV_2013_FINALFASSUNG_19MB.pdf, zuletzt aufgerufen am 06. November 2014.

Weigert, M. (2015): Netflix: Ein neuer globaler Internetgigant wächst heran, verfügbar unter: foerderland.de/digitale-wirtschaft/netzwertig/news/artikel/netflix-ein-neuer-globaler-internetgigant-waechst-heran/, zuletzt aufgerufen am 20. Januar 2015.

Weis, C. (2013): Definition Konkurrenz. Konkurrenz im wirtschaftlichen Sinne des Wett-bewerbes, verfügbar unter: www.business-on.de/definition-konkurrenz-konkurrenz-im-wirtschaftlichen-sinne-des-wettbewerbes-_id42524.html, zuletzt aufgerufen am 13. November 2014.

Wendling, E. (2012): Recoup! Filmfinanzierung – Filmverwertung, 1. Auflage, Konstanz, UVK Verlagsgesellschaft mbH, 2012.

Winterbauer, S. (2014): Streaming-Supermacht Netflix: Diese deutschen Anbieter müs-sen zittern, verfügbar unter: meedia.de/2014/09/16/streaming-supermacht-netflix-diese-deutschen-anbieter-muessen-zittern/, zuletzt aufgerufen am 10. Februar 2015.

Wirtschaftslexikon24.de (2014 a): Definition Konkurrenz, verfügbar unter: www.wirtschaftslexikon24.com/d/konkurrenz/konkurrenz.htm, zuletzt aufgerufen am 06. November 2014.

Wirtschaftslexikon24.de (2014 b): Definition Risikoanalyse, verfügbar unter: wirtschaftslexikon24.com/d/risikoanalyse/risikoanalyse.htm, zuletzt aufgeru-fen am 06. November 2014.

Wirtz, B. (2009): Medien- und Internetmanagement, 6. Auflage, GWV Fachverlage, Wiesbaden, 2009.

Wisolution (2014): Lizenzdatei, verfügbar unter: www.wisolution.com/?lang_ch=GER &mod=bfh&page=faqsoft#f02, zuletzt aufgerufen am 06. November 2014.

Woldt, R. (2013): Fernsehen „auf Abruf“ – von der Nische in den Mainstream?, In: Media Perspektiven 2/2013, S. 115-125, verfügbar unter: media-perspektiven.de/publikationen/fachzeitschrift/2013/artikel/fernsehen-auf-abruf-von-der-nische-in-den-mainstream, zuletzt aufgerufen am 14. Februar 2015.

Wübbenhorst (2014): Definition Konkurrenzanalyse, Gablers Wirtschaftslexikon, verfügbar unter: wirtschaftslexikon.gabler.de /Definition/konkurrenzanalyse.html, zuletzt aufgerufen am 06. November 2014.

Zerdick, A./ Picot, A. et al. (1999): Die Internet-Ökonomie - Strategien für die digitale Wirtschaft, Berlin, 1999.

Zerdick, A. et al. (2001): Die Internet-Ökonomie, 3. erweiterte Auflage, Berlin, Heidel-berg, New York, Springer Verlag, 2001.

ZDF (2014): Geschichte des ZDF, verfügbar unter: www.zdf.de/geschichte-des-zdf-26199326.html, zuletzt aufgerufen am 06. November 2014.

Rechtsquellenverzeichnis

Erstes Gesetz zur Änderung des Filmförderungsgesetzes: 18. November 1986, BGBI, S. 2040

Drittes Gesetz zur Änderung des Filmförderungsgesetzes: 06. August 1998, BGBI, S. 2046.

Drittes Gesetz zur Änderung des Filmförderungsgesetzes: 06. August 1998, BGBI, S. 2046.

Filmförderungsgesetz (FFG): 25. Juni 1979, BGBl. I, S. 812.

Fünftes Gesetz zur Änderung des Filmförderungsgesetzes: 21. Dezember 2008, BGBI. S. 3000.

Zweites Gesetz zur Änderung des Filmförderungsgesetzes: 21. Dezember 1992, BGBI, S. 2135.